LOS 5 PILARES DEL LIDERAZGO

Paul J. Meyer y Randy Slechta

BUENOS AIRES - MIAMI - SAN JOSÉ - SANTIAGO

www.editorialpeniel.com

Los 5 pilares del liderazgo
Paul J. Meyer y Randy Slechta

Publicado por:
Editorial Peniel
Boedo 25
Buenos Aires C1206AAA - Argentina
Tel. (54-11) 4981-6034 / 6178
e-mail: info@peniel.com.ar

www.editorialpeniel.com

Originally published in English
under the title: *The 5 pillars of leadership*
by Insight Publishing Group
Tulsa, OK

Copyright © 2002 by Paul J. Meyer y Randy Slechta

Traducido al español por: Beatriz Sesoldi

Copyright © 2003 Editorial Peniel

Diseño de cubierta e interior: arte@peniel.com.ar

ISBN N° 987-557-026-5
Producto editorial N° 316142

Edición N° 1 Año 2003

Se usó la Biblia versión NVI (Nueva Versión Internacional)

Impreso en Colombia

13 de enero de 1998

Sr. Paul J. Meyer
Fundador del Success Motivation Institute, Inc.
Oficina de Correo 2508
Waco, Texas 76702-2508
EE.UU.

Querido Paul:

Permítame aprovechar esta oportunidad para una vez
más expresar mi respeto hacia usted y hacia lo que usted
significa.

Usted ha motivado a muchas personas de una forma
muy constructiva, al punto de ayudar a crear una nueva
generación de líderes.

Bajo mi fundamento personal, siempre estaré agradecido
por su leal apoyo.

Espero que su nuevo libro *Los 5 pilares del liderazgo*,
motive a sus muchos lectores. Usted está muy bien
calificado para escribir sobre liderazgo.

Afectuosamente,

George Bush

Carta escrita por el ex presidente, George Bush a Paul J. Meyer, respecto a
la primera impresión de este libro.

Elogios

He aquí un libro que lo capacitará para convertirse en un líder apto y capacitador; será guiado a extraer y utilizar el potencial que Dios le ha dado para un liderazgo efectivo. Al interiorizarse y poner en práctica estas estrategias, usted logrará un éxito extraordinario en cada fase de su vida y de sus negocios.

FR. ANTHONY A. D'SOUZA, S. J.
Director del Instituto Xavier de Administración,
Bombay, India.

Esta es una obra de dos empresarios destacados que "debe leerse". Este libro ayudará a algunos líderes a considerar seriamente el logro de resultados a través de las personas. Los procesos en este libro son valiosos para toda persona que quiera cumplir importantes metas personales y de negocios.

RUTH MATHESON
Presidente de Leadership Skills, Inc.
Canadá.

Muchos libros se enfocan en los arreos del liderazgo y no en lo esencial. Lo esencial puede ser aprendido y desarrollado siguiendo el consejo de Paul J. Meyer. Aquellos que poseen cualidades de liderazgo pueden mejorar y aumentar esos atributos llenando el vacío de liderazgo.

DAVID SIBLEY
Senador Estatal del Distrito 22,
Texas.
EE.UU.

A la edad de 25 años, Paul Meyer provocó un impacto significativo en mi desarrollo como líder. Este libro llenará su vacío de liderazgo.

DR. JOHN C. MAXWELL
Autor y fundador de INJOY Inc.

Este libro es de lectura obligatoria para quienes están en una posición de liderazgo. Si su deseo es lograr el éxito y el desempeño máximo de su vida, este libro lo ayudará.

KENNETH H.COOPER, MD
Fundador de The Cooper Clínic

Los principios de Paul J. Meyer trascienden el tiempo y las culturas. Desde la fundación de mi compañía hace casi 50 años, he disfrutado el éxito bien ganado. Estoy de gran manera en deuda con el Sr. Meyer por el crecimiento de mi negocio. Recomiendo sumamente todos los programas del Sr. Meyer y este emocionante libro.

TOSHIO SUMINO
Fundador y Presidente de Autobacs Seven, Ltd.
Japón.

África es el continente más rico en el mundo en términos de recursos naturales, pero para poner en circulación esa riqueza en beneficio de su gente requiere "Los 5 pilares del liderazgo" formulados en este libro. Es el programa para una administración y liderazgo exitosos basado en la experiencia de más de 60 países desde 1960. El liderazgo formulado tan concisamente en este libro es una lectura obligatoria para todo líder en el continente africano.

IAN G. DAWSON
Licenciado
LMI – Sudáfrica.

Este es un libro inspirador de lectura obligatoria para quien quiere hacer una contribución de liderazgo a su familia, organización o comunidad. Los principios universales funcionarán para todos.

GRANT SEXTON
Director Administrativo.
Australia.

Nunca antes hemos enfrentado tal futuro incierto. Este libro le ofrece discernimientos profundos para definir su sistema de valores y comprender los ingredientes clave para convertirse en un verdadero líder, tanto en su vida personal como profesional. ¡Un gran libro para los que quieren transformar incertidumbres en oportunidades!

WILLIAM CHAM
Licenciado
SMI – Singapur.

Paul J. Meyer tiene un prototipo para simplificar teorías complejas en pasos de acción, claros, entendibles y prácticos. Este libro provee una senda para grandes liderazgos, éxitos y logros en la vida.

PAUL R. BROWN
Presidente y CEO de Leadership Dynamics, Inc.

En este libro Paul J. Meyer revela la esencia destilada de 50 años de estudio y experiencia en liderazgo minuciosamente registrados. Él lo ha vivido. Aquí usted lee, en un lenguaje claro y conciso, los pasos comprobados y demostrados para un auténtico liderazgo.

Se ha dicho que el medio es el mensaje. Eso es verdad en este caso. Paul J. Meyer ha demostrado el liderazgo en el establecimiento y en la inspección de más de 40 negocios en 60 naciones.

Escuché a un vicepresidente de la República de China acosar a Meyer con preguntas. La respuesta modesta pero brillante de Meyer debe haber impresionado al vicepresidente tanto como a mí. Al día siguiente los diarios chinos pusieron la entrevista en detalle en primera plana. Observé a líderes japoneses y americanos guardar cada una de las palabras de Meyer en la recepción brindada por el ex Embajador de los Estados Unidos en Japón, Mike Mansfield.

Meyer conduce más por ejemplo que por precepto, aunque posee una rara habilidad para comunicar. Desde 1960, he leído todo –innumerables volúmenes– lo que ha escrito.

En un día de crecientes pensamientos consensuales que asfixian al liderazgo, Paul J. Meyer enseña en términos claros y obligatorios la fórmula para capacitarse como líder.

JOHN EDMUND HAGGAI

Instituto Haggai para el Entrenamiento del Liderazgo Avanzado.

Singapur.

Contenidos

Reconocimientos

La más profunda apreciación a la Dra. Bárbara Chesser, a Tonette Holle, a Jim Moore y a Vicki Yark.

Prólogo por Drayton McLane

El liderazgo es un eterno río que fluye interminablemente hacia el gran inmenso mañana. Igualmente eterna es la necesidad de formar y moldear los cauces del río. El esfuerzo para remanufacturar continuamente el liderazgo prosigue mientras los hombres y las mujeres buscan nuevas manera de guiar, manejar y motivar a los demás.

Así es como esto debería ser, todos deberíamos hacer lo posible para mejorar nuestro temple de liderazgo. El problema no radica en nuestro deseo de crecer y convertirnos en más de lo que ya somos, sino más bien en nuestra fácil tendencia a aceptar, a abrazar y a aplicar soluciones imperfectas y simplistas a los problemas complejos e irritantes.

En severo contraste, Paul J. Meyer y Randy Slechta han producido una nueva creencia del liderazgo y de la administración, una metodología que es a la vez práctica y personal.

Todas las organizaciones exitosas se edifican sobre tres fuerzas claves: un íntimo conocimiento de hacia dónde el grupo intenta ir y cómo llegará allí, la habilidad de los líderes y de los miembros del grupo para enfocarse en una contribución productiva hacia sí mismos y hacia los demás, y el deseo común de hacer lo que sea necesario para lograr un resultado positivo. Un vacío de liderazgo es creado cuando uno o más de estos tres elementos es descuidado o poco desarrollado.

Para cubrir ese vacío, Meyer y Slechta proponen que volvamos a la fundación del liderazgo: **Los 5 pilares del liderazgo**. A partir de esta base sólida, algún y todo líder puede crecer y superarse.

A diferencia de ciertas panaceas que se ofrecen, este puente de liderazgo no puede ser construido de la noche a la mañana. Varios meses, incluso años, se requerirán para implementar totalmente la magnifica estrategia producida en este libro. Afortunadamente, los líderes y miembros de equipo pueden destinarse a la larga tarea, seguros en el conocimiento de que el resultado final será como ellos mismos lo han diseñado.

En los análisis finales, está el prototipo colectivo de la raíz de este libro. Sea que lo comprenda o no, todos nosotros diseñamos nuestros propios resultados. Meyer y Slechta nos ofrecen un sistema para hacer esto. Reafirman nuestra responsabilidad básica para el éxito o el fracaso, y nos reestablecen como los hacedores y moldeadores de nuestro propio destino.

Los asuntos de desarrollo personal y de negocios son lejos muy importantes para ser dejados al azar, como algunos, que son una legión en el mercado, los han llevado a ser poco menos que ineficaces.

Lo que sostiene en sus manos es una nueva estrategia única para tratar con el antiguo problema de liderar y motivar a los demás.

- Drayton McLane
Presidente del Grupo McLane,
Ex Vicepresidente de Wal-Mart.

CAPÍTULO UNO

Dónde comienza el liderazgo efectivo

*N*unca a antes en la historia humana la sociedad ha presenciado tal impresionante demanda de liderazgo efectivo. Hoy los líderes acreditados ganan salarios multimillonarios al frente de gigantes corporaciones, gozan del poder y del prestigio de altos cargos políticos y de la vanguardia de los nuevos esfuerzos tecnológicos. Pero el estado actual de la sociedad demanda aun más de los líderes, y requiere que la cantidad de ellos se incremente con la calidad de liderazgo que ofrecen.

Durante las pasadas cinco o seis décadas, la cultura popular ha sufrido enormes cambios. Los estadounidenses han presenciado cómo su unidad social más fuerte –la familia– se desintegraba lentamente. Lo que una vez fue considerado un comportamiento no del todo "normal", hoy es una tendencia. Como ciudadanos mundiales, fuimos conducidos a situaciones difíciles casi por ausencia de dirección. Hoy, que estamos pagando el precio de un cambio dramático y no debidamente planeado, la demanda de liderazgo efectivo es más fuerte que nunca.

La expectativa no es que el liderazgo pueda salvarnos de nosotros mismos y restaurar lo que una vez fue correcto y apropiado, sino más bien determinar a dónde queremos ir desde aquí y cómo intentamos llegar allá. La sociedad no puede más darse el lujo de ser sorprendida por el avasallante cambio social y político. En décadas venideras dependeremos de líderes de todo nivel para atravesar el camino hacia un mundo más positivo y más brillante.

La falta de liderazgo

¿Es razonable decir que todos los desafíos que hoy enfrentamos provienen de una falta de liderazgo efectivo? ¡Ciertamente no! La mayoría, si no todos, han resultado de nuestras propias elecciones. Para bien o para mal, tomamos decisiones que continuarán moldeando y formando nuestro mundo para las generaciones que vienen. Debemos acentuar las buenas decisiones y hallar una forma de reformar las malas. *Ese es, en esencia, el desafío del liderazgo efectivo.*

Es obvio, que algo de nuestro liderazgo pasado no ha sido particularmente efectivo. Considere, por ejemplo, el colapso de muchas grandes corporaciones y el desconcierto que se origina cuando, literalmente, se crea un vaciamiento y diez mil trabajadores son repentinamente desempleados. Aun cuando no podamos decir que todas las enfermedades del mundo nos habrían pasado de largo de haber tenido liderazgos efectivos dirigiendo la sociedad, no es difícil imaginar que podría haber sido un día mejor.

La única manera real de vencer las pruebas que enfrentamos es combatir aquellos desafíos con un liderazgo idóneo, comprensible y basado en valores. Hoy es el momento para que todos los líderes aspirantes entren a escena, y se ocupen de la organización de la sociedad y de su prójimo.

Las recompensas son increíblemente altas.

La única salida

Aquellos que se niegan a creer que el liderazgo efectivo puede rescatarnos de nuestros dilemas auto impuestos, enfrentan otra pregunta: "Si el liderazgo no puede ayudarnos a resolver nuestras dificultades, ¿en qué puede ayudarnos?"

John F. Kennedy una vez señaló: "Nuestros problemas son hechos por el hombre... por lo tanto, no pueden ser resueltos por el hombre". Esto lleva a razonar que muchos de los problemas de hoy –creados al menos en cierto modo por una falta de liderazgo idóneo y efectivo– pueden ser resueltos por la aplicación de la misma calidad que se ha ido perdiendo en nuestra sociedad. Si los problemas del hombre están para ser resueltos por el hombre, el liderazgo efectivo debe dirigir el camino.

Los líderes sostienen en sus manos el poder de enderezar errores sociales, de inclinar a las organizaciones hacia el éxito y de llevar a la sociedad a un equilibrio. Sostienen la semilla de la oportunidad para un renacimiento global de los negocios y para una estabilidad política mundial. Los líderes efectivos llevan consigo las expectativas y los sueños de millones que solo desean ser más de lo que son.

> "LOS PROBLEMAS QUE HOY ENFRENTAMOS NO PUEDEN SER RESUELTOS POR EL MISMO NIVEL DE PENSAMIENTO QUE LOS CREÓ."
>
> *ALBERT EINSTEIN*

El liderazgo efectivo es verdaderamente un ejercicio noble. Cualquier persona puede convertirse en líder, cualquier persona que tenga la voluntad y el coraje de dar un paso hacia adelante, de aceptar el cambio y de comenzar a ayudar a los demás a transformarse. Estos son los requisitos fundamentales del liderazgo efectivo.

El liderazgo efectivo no se trata de representar a Dios. En lugar de eso, se enfoca en el inherente potencial dado por Dios a todo hombre, a toda mujer y a todo niño. El liderazgo comprobado halla el potencial oculto dentro de una persona y lo saca a la luz. El desafío del liderazgo moderno es descubrir ese potencial y hacer un uso constructivo de él. Por esta causa, cualquier persona puede aspirar a él, pero todos deberían intentarlo.

El liderazgo es una cuestión de todos

Los que creen que el liderazgo es para los negocios o para la política están simplemente contribuyendo al problema, rehusando reconocer que ellos deben al menos conducirse a sí mismos. Si no nos dirigimos a nosotros mismos, siempre estaremos sujetos a los vientos del cambio social, hallándonos más pobremente preparados para confrontar cada nuevo ataque.

Debemos prepararnos y luego preparar a los miembros de nuestro equipo. Parte del proceso de preparar a los miembros del equipo para hacer frente a los cambios, involucra dinámicas de cambio organizacional para conocer mejor los desafíos del crecimiento interno y de la rivalidad externa. Sin enredarnos en la organización, es necesario un cambio de actitud o paradigma. Sin tal cambio, los líderes no serían capaces de darle poder a los miembros de su equipo.

> "LAS COMPAÑÍAS GANADORAS PREVALECEN PORQUE TIENEN BUENOS LÍDERES QUE FOMENTAN EL DESARROLLO DE OTROS LÍDERES EN TODOS LOS NIVELES DE LA ORGANIZACIÓN."
> – *NOEL TICHY*

Ese cambio también es llamado "invirtiendo la pirámide". En los ambientes típicos de los negocios, la organización puede ser pensada como una pirámide, con la interacción del servicio al cliente en la parte más baja, seguida por la producción, la distribución, la administración y, finalmente, con los ejecutivos de nivel superior en la cima.

¿Qué sucede cuando invertimos la pirámide? Simplemente una indicación, ponemos a las personas donde pertenecen: en la cima de la pirámide. Los líderes, ahora en la parte baja de la pirámide, se vuelven sirvientes. Ellos trasmiten sus conocimientos y habilidades **hacia arriba** en la organización, en vez de permitir que estos se escurran **hacia abajo**. Una vez cambiado lo de arriba abajo, cada elemento de la pirámide invertida es libre para conducirse a sí mismo. En vez de tener al liderazgo que funciona desde la cima de la pirámide, la organización proporciona liderazgo desde todos los niveles.

Toda persona es un líder

La pirámide invertida es símbolo de la verdad más profunda de que toda persona dirige, al menos en cierto momento. Un padre por ejemplo, puede ser empleado en una oficina, pero vuelve a su casa a la noche a dirigir a su familia. Una secretaria de oficina puede sentarse detrás de su escritorio todo el día, pero a la tarde puede entrenar al equipo de basketball donde juega su hija. Un comprador o representante de ventas puede ser un dirigente en su iglesia o en un club de la comunidad. Y bastante a menudo, un administrador removido del séquito ejecutivo puede ser el líder *de facto* de una organización entera.

Todos dirigimos en algún punto de nuestras vidas. El problema radica en cuán bien lo hacemos. En ambientes que comprendemos y controlamos, típicamente demostramos sólidas habilidades de liderazgo. Confrontados con el cambio y el desafío; sin embargo, nuestra apariencia de liderazgo a menudo se agrieta y se desmorona. *Si es verdad que toda persona dirige, entonces también es verdad que todos podríamos hacer un mejor trabajo.*

Esto es de lo que trata este libro. En estas páginas consideraremos la aplicación de mejoras en el liderazgo. El nuestro no es un magnífico libro teórico de negocios; en cambio, ofrecemos un plan viable para aprovechar su propio potencial de liderazgo. Sin importar lo que usted haga o en dónde lidere, levántese para mejorar sus propios resultados y aquellos que logra a través de las demás personas. Creemos que nuestro sistema, comprobado con el paso del tiempo, lo ayudará a usted y a su equipo a tener éxito.

¿Qué es el liderazgo?

Parte del desafío universal del liderazgo es definirlo en una forma que se aplique virtualmente a todas las personas. Por ejemplo, una definición de liderazgo puede ser apropiada para algunos, pero inapropiada para un entrenador de fútbol. Otra definición de liderazgo puede encajar para un golfista profesional, pero pierde completamente el atributo cuando se aplica al director de una organización cívica. Nosotros aplicamos diferentes definiciones de liderazgo para los elegidos para ejercerlo, para los líderes familiares y sociales, y para las autoridades religiosas. Al mismo tiempo, una simple definición de liderazgo debe ser aplicada a todos los líderes, sin importar a quién ni qué dirige ese líder.

> "NO SÉ LO QUE ES EL LIDERAZGO. PERO LO DISCIERNO CUANDO LO VEO."
> - *DWIGHT D. EISENHOWER*

En el fondo, el liderazgo es *lograr resultados específicos y beneficiosos a través de las personas*. Eso significa que cuando dirigimos a los demás así como a nosotros mismos, estamos encargados de incrementar sus contribuciones, además de la nuestra. Eso es todo lo que los líderes hacen. El desafío es incrementar los resultados en una forma más consistente, eficiente y efectiva.

Para contribuir más al esfuerzo total, sin importar lo que ese esfuerzo pueda ser, el líder requiere ciertos valores... integridad, un corazón servicial y correcta administración. Para hacer que los miembros del equipo contribuyan más con la organización, ellos deben confiar en el líder, y en sí mismos, poseer un compromiso con la causa, y permanecer leales y fieles al esfuerzo.

El liderazgo puede ser muchas cosas, pero también hay muchas cosas que el liderazgo no es. No es un título, ni una posición, ni un estilo particular, ni un grupo particular de características personales ni un grupo particular de habilidades. Estos son simplemente los arreos externos del liderazgo, no su verdadera esencia. Ninguna de estas cosas por sí mismas define al liderazgo, porque el liderazgo es, en parte, una empresa sumamente personal.

¿Qué es el vacío de liderazgo?

El vacío de liderazgo es más que solo una analogía literaria; actualmente existe. Como líder o administrador, usted puede ver evidencias del vacío en muchas formas:

- En la grieta creciente entre líderes y miembros del equipo.
- En el creciente descontento que muchos miembros del equipo y líderes sienten en sus vidas personales y laborales.
- En su propia búsqueda de un significado y un propósito más profundos, mientras lucha para enfrentar los desafíos diarios de hacer avanzar su organización.

Así como el vacío de liderazgo verdaderamente existe, así también el puente que lo abarca. Cada líder de cada nivel tiene el potencial para construir un puente de crecimiento personal y profesional que se extenderá sobre el vacío de liderazgo. Pero hasta ahora, los líderes que han intentando construir tal puente se han topado típicamente con la frustración y la desilusión; porque no había un programa a seguir ni señales que guiaran.

Este libro está diseñado para suplir esa necesidad.

El puente que se extiende sobre el vacío de liderazgo está compuesto de 5 pilares. Cada pilar sostiene una parte vital del trecho que llena el vacío entre los líderes y los miembros del equipo. Como todo programa, los 5 pasos son fácilmente entendibles y prácticos.

Sin embargo, la fuerza de su puente de liderazgo cuenta con su propia disposición de crecer, mejorar y cambiar. Sin esa disposición, solo tendrá éxito en la construcción de un puente incierto que no podrá resistir la prueba del tiempo. Con esa disposición, puede construir un puente perdurable que ligará el vacío entre usted y los miembros de su equipo.

Progreso, crecimiento... y ¿cambio?

¿Es necesario el cambio? ¿No son algunas organizaciones esencialmente sólidas en estructura, actitud y espíritu? ¿No están algunos negocios haciendo lo suficiente conforme a lo que son? Ciertamente, pero el problema es que el ambiente en el cual estas organizaciones operan está constantemente cambiando. Los líderes, los miembros de equipo y sus organizaciones deben cambiar para satisfacerlo... o enfrentarse a ser arrastrados por líderes, seguidores e instituciones que responden al llamado de cambio y crecimiento para satisfacer las demandas de la época.

El puente hacia el otro lado del vacío de liderazgo lleva consigo un mensaje implícito a los líderes que tienen miedo de cambiar: encuentre a alguien que no sea temeroso y permita que ese individuo dirija el equipo. En el análisis final, un líder asustado es un líder paralizado. Tales individuos permiten que la inacción sea suficiente donde la acción es demandada porque ellos nunca ven realmente la necesidad del cambio pro activo. Los líderes sumamente efectivos reaccionan a los tiempos y a las condiciones de cambio en una forma pro activa. El resultado final es que ellos y sus organizaciones siempre están un paso adelante.

Hoy, aquellas organizaciones que están un paso atrás se marchitarán. Sea que el final fuera agudo y rápido o sea que fuera una muerte lenta y diferida, el resultado es el mismo. Le guste o no, todo líder se enfrenta con la enorme responsabilidad y el mandato de cambio.

El cambio trae oportunidad

La aceptación de cambio garantiza virtualmente un futuro vibrante y próspero, y es ahí donde este libro comienza y termina. Como líder, usted es el único que puede agarrar, valiente y descaradamente, el mango del cambio y obtener el éxito de él. Si así lo hace, descubrirá que el proceso de llenar el vacío de liderazgo ofrece asombrosas recompensas.

Para usted y para cada miembro de su organización, el puente de liderazgo es el camino hacia el cumplimiento de sueños, pero primero debe estar dispuesto a embarcarse en este viaje hacia el cambio. ¡Si está dispuesto, puede tenerlo todo!

Pero si usted pierde el deseo o si su propio espíritu es débil, está agrietado o defectuoso, descubrirá que el puente de liderazgo está siempre más allá de su alcance. La oportunidad de llenar el vacío de liderazgo golpea solo una vez, y está golpeando ahora. La decisión le pertenece a usted: ¿responderá a ese llamado? La elección es suya.

> *"¡TODO LO QUE INTENSAMENTE IMAGINE, ARDIENTEMENTE DESEE, SINCERAMENTE CREA Y CON ENTUSIASMO DESEMPEÑE... DEBE INEVITABLEMENTE SUCEDER!"*
> *- PAUL J. MEYER*

Si usted se desvía, puede llegar a descubrir que su liderazgo experimenta depresión, insatisfacción y vacío de profundo significado. Como el cambio, la oportunidad de llenar el vacío es fugaz. Si elige no aceptar este desafío ahora, este puede no regresar nunca. Pero si elige construir el puente, alcanzará cada nuevo nivel que desee.

¡Cruzar el puente de liderazgo es un viaje en sí mismo, como muchos de los viajes en su propia vida y carrera lo han sido, ¡y probablemente como más de un viaje por el que usted y sus seguidores están regateando! Su destino –el resultado inevitable de llenar el vacío de liderazgo– es el cumplimiento de su propio destino de liderazgo. Sus sueños son su herencia; su visión es su progenitura. Hoy es tiempo de comenzar a reclamarlos para usted y para sus colegas.

Una gran confusión

No es extraño que el liderazgo sea tan difícil de hallar en estos días, mucho menos determinarlo. Oímos muchas voces contradictorias y vemos tantos ejemplos, que no estamos seguros de qué hacer:

- Un memo de oficina, por ejemplo, podría importunarnos a alterar un procedimiento particular. Cumplimos, inconscientes de que hemos reforzado la noción de que el liderazgo es un manejo autocrático y que apunta a la perpetuidad del *statu quo*.

- La tendencia de Madison Avenue trata de convencernos para igualar liderazgo con poder y arreos.

- La inacción de los burócratas a menudo nos lleva a creer que el liderazgo es un embotellamiento que detiene el progreso y asfixia la creatividad.

- Los gurúes del liderazgo intentan convencernos de que si desarrollamos unas pocas habilidades selectas, podemos instantáneamente convertirnos en líderes calificados en cualquier área.

Todos esos mensajes —sean accidentales o calculados— contribuyen a la confusión total sobre la verdadera naturaleza del liderazgo efectivo. Cuando todo está dicho y hecho, el liderazgo es, simplemente, cómo usted logra resultados específicos a través de sus propios esfuerzos y del esfuerzo de otras personas.

Las habilidades solas no pueden producir líderes efectivos. Innumerables líderes a través de los siglos han descubierto que meras habilidades no son sustitutas de los valores clave del liderazgo. Sin un fundamento sólido de actitudes y hábitos productivos, los líderes siempre fracasarán al llenar el vacío entre ellos y sus seguidores.

> "SI NO HAY TRANSFORMACIÓN DENTRO DE CADA UNO DE NOSOTROS, TODOS LOS CAMBIOS ESTRUCTURALES EN EL MUNDO NO TENDRÁN IMPACTO EN NUESTRAS INSTITUCIONES."
> -PETER BLOCK

Si las habilidades solas fueran suficientes para producir líderes calificados, ¡nuestra sociedad no estaría clamando por liderazgos más efectivos! Los líderes habilidosos son equivalentes a los indigentes educados de Calvin Coolidge: literalmente son unos diez o doce.

No son líderes formados porque hayan desarrollado características de personalidad como carisma y encanto personal. Lo que cuenta en el mundo de hoy es la capacidad de transformar la habilidad y las características de personalidad en resultados. La clave para ese proceso radica en los valores, las actitudes y los elementos básicos del logro.

Cinco elementos del logro

Los elementos del logro –además de los 5 pilares del liderazgo– son lo suficientemente fáciles de entender y poner en práctica. El problema es que ellos generalmente no son enseñados a los líderes, y más a menudo, son ignorados del todo. Todo líder familiarizado con el proceso que hemos desarrollado durante las últimas cuatro décadas reconocerá esos elementos inmediatamente:

Elemento N° 1 – definir los resultados específicos que quiere lograr.

Elemento N° 2 – generar un plan que, cuando sea seguido, logre esos resultados.

Elemento N° 3 – desarrollar la motivación interna necesaria para ponerse en acción.

Elemento N° 4 – construir la confidencia y la confianza en usted mismo y en los miembros de su equipo, para que todas las personas se desempeñen a niveles óptimos.

Elemento N° 5 – infundir determinación para que el equipo no abandone cuando confronte problemas u obstáculos.

Estos cinco elementos son los pilares esenciales del puente que atravesará el vacío entre la promesa de liderazgo y el real desempeño. Ningún líder puede ser verdaderamente grande sin practicar consecuentemente los hábitos representados por los cinco pilares. Contenidas dentro de cada pilar están las actitudes que requieren más que habilidad de liderazgo para contraerlos y aplicarlos. Todas son esenciales para lograr resultados específicos a través de los esfuerzos del liderazgo.

¿Es este camino al éxito realmente fácil de seguir? Sí... y no. Los elementos por sí mismos pueden ser lo suficientemente fáciles de tomar, pero aplicarlos requiere un esfuerzo diligente y paciencia. Es, posiblemente, pensar a un nivel más directo y consciente. Las dudas que nos atacan a todos –carencia, limitación e incertidumbre– no tienen lugar aquí. Los líderes efectivos permanecen enfocados en estos cinco elementos clave, de modo que su poder de concentración les deja poco espacio para el temor, la duda o la preocupación.

Líderes capacitados

Por más de cuarenta años nuestras compañías han capacitado líderes para producir resultados específicos y superar los obstáculos. Hemos trabajado con más de un millón de líderes en seis países, y les hemos ayudado a superar las actitudes y los hábitos que se sitúan entre ellos y el éxito del liderazgo.

Con más de décadas de experiencias, hemos indicado, identificado, destilado y nos hemos enfocado en los elementos clave del liderazgo efectivo. Trabajamos con líderes de distintas culturas, de diferentes países, lenguajes, estilos y personalidades, hemos aplicado nuestra habilidad de desarrollo con una meta clara en mente: ayudar a las personas a convertirse en más efectivos y mejores líderes.

Cientos de miles de clientes exitosos certifican el valor de nuestro proceso. *¡Lo que hacemos realmente funciona!*

A lo largo del camino sentimos decisivo identificar los hábitos y las actitudes que, combinados, pueden llenar el vacío entre la promesa de liderazgo y el desempeño del liderazgo actual. Lo que presentamos en este libro no es una teoría modernista o no probada. Este libro contiene la esencia destilada del poder de liderazgo, recogido de trabajar con más de un millón de líderes mundiales.

Sea que se dé cuenta o no, el mundo entero está clamando por un liderazgo calificado y efectivo. Usted nació con el potencial para ofrecer esa cualidad esencial a usted mismo y a los demás. A medida que trabaja para llenar el vacío de liderazgo, usted se vuelve más capacitado para proveer las respuestas que la sociedad está buscando. Al entregarse usted y sus experiencias, se capacita a sí mismo y a sus seguidores para vencer los desafíos de la vida y brindar más de la abundancia de la vida.

Los líderes en cada nivel saben que mientras mucho les ha sido dado, mucho también les es requerido. Construir los 5 pilares hacia el liderazgo sumamente efectivo es un desafío, pero los líderes efectivos ven ese desafío más como una oportunidad. Saben que esta es una oportunidad para ayudarse a sí mismos y a los miembros de su equipo a convertirse en algo más de lo que siempre han sido.

5 RAZONES DE POR QUÉ LAS PERSONAS FRACASAN EN SUS LOGROS

1° CARECEN DE DETERMINACIÓN Y ABANDONAN ANTES DE QUE EL ÉXITO SEA LOGRADO.

2° CARECEN DE UNA CONFIANZA SINCERA DE QUE PUEDEN LOGRAR LOS RESULTADOS DESEADOS.

3° NO ESTÁN MOTIVADOS A PONERSE EN ACCIÓN.

4° CARECEN DE UN PLAN, NO TIENEN UN REAL ENTENDIMIENTO DE CÓMO INTENTAR TENER ÉXITO.

5° NO SABEN QUÉ RESULTADOS ESTÁN TRATANDO DE LOGRAR.

CAPÍTULO DOS

Los 3 elementos fundamentales para el liderazgo

os líderes deberían dirigir con un propósito en mente: lograr, cada vez más, resultados positivos de los esfuerzos de los miembros del equipo. Los líderes sumamente efectivos ven cualidades tales como confianza, compromiso y lealtad, como lo absolutamente esencial para mejorar los resultados de su organización. ¡Imagínese el poder de una organización donde todos los miembros tienen plena confianza, total compromiso y fuerte lealtad!

Muchos líderes, desafortunadamente, ven la confianza, el compromiso y la lealtad como *productos accesorios* del éxito, más que como *razones* del éxito, que es lo que realmente son. Esta es una equivocación muy común. La verdad es que estas cualidades están desarrolladas en los miembros del equipo como respuesta a ciertos valores ya sostenidos por su líder, no como resultado de una productividad incrementada.

Los valores preceden a la productividad

Los líderes sumamente efectivos basan su liderazgo en un fundamento de tres valores centrales: integridad, un corazón servicial y administración. Estos son decisivos para el crecimiento de toda organización y son los que causan buenos equipos productivos.

Los líderes que quieren confianza, compromiso y lealtad de parte de sus miembros, deben primero desarrollar esas cualidades en sí mismos. Saben que la integridad crea el efecto de confianza, que un corazón servicial genera compromiso para el líder y para la organización, y que la posición de administrador asegura que los miembros del equipo desarrollen todo su potencial, lo cual brinda lealtad. Además, comprenden que ningún líder puede convencer a los miembros de un equipo a convertirse en algo que el líder no es.

La capacitación de los miembros individuales del equipo solo puede suceder cuando los líderes despliegan integridad, un corazón servicial y administración. Sin estos valores centrales como fundamento, será imposible dirigir efectivamente y llenar el vacío de liderazgo. Una organización conducida por valores no solo llenará el vacío, sino que será un líder en la economía global de hoy, donde la mejor calidad a menor costo es más que importante.

Tal organización hará más que sobrevivir, ¡tendrá éxito! Pero los extraños siempre observan a la organización conducida por valores, tratarán de descubrir su ventaja competitiva. Ellos están, sin embargo, mirando los lugares equivocados. No son los elementos visibles obvios como las líneas de producción, los procesos de manufacturación, o incluso los individuos sumamente talentosos los que crean la identidad de la organización efectiva. Es el valor intangible el que hace la diferencia.

Lo que muchos observadores no se dan cuenta es que sin integridad, sin un corazón servicial y sin administración, es imposible construir un equipo verdaderamente efectivo... o convertirse en un líder verdaderamente efectivo.

Estos tres valores centrales son los 3 elementos fundamentales del liderazgo efectivo.

Elemento fundamental N° 1 – Integridad

Todos los grandes líderes despliegan integridad personal al estar dedicados a perseguir metas significativas en todas las áreas de la vida, no solo metas para la organización. Dirigen vidas bien equilibradas y bien desarrolladas, y ofrecen a sus seguidores una oportunidad para hacer lo que ellos hacen, no solo lo que ellos dicen. Eso en el fondo es integridad.

Se requiere que los líderes sean individuos dignos de lealtad y merecedores de genuino respeto por parte de las personas que ellos dirigen. Los líderes de cada nivel no pueden esperar que sus seguidores hagan lo mejor, a menos que los líderes mismos estén dispuestos a mejorar.

La integridad es relativamente simple de manejar. Requiere:

A. Propósito y dirección personal, y

B. Metas equilibradas en todas las seis áreas de la vida.

Mientras el *proceso* de integridad involucra análisis personal, la *práctica* de la integridad es un ejercicio de disciplina. La integridad implica congruencia. Los individuos congruentes despliegan pensamientos y acciones consistentes, sus palabras y hechos no se contradicen. La integridad genera una cierta consistencia en lo que las personas dicen, piensan y hacen.

Hace algunos años, una firma asesora les pidió a varios ejecutivos superiores que citen el primer factor de su éxito. La integridad fue consistentemente dada como una de las razones cumbres para el éxito personal y de negocios. La integridad comienza en el ámbito personal y, naturalmente, crece en el ámbito corporativo.

Cuando los líderes son motivados por su integridad personal:

- Están mejor capacitados para ayudar a los miembros del equipo a percibir posibilidades, a desarrollar caminos hacia el éxito, y a perseguir el logro principal.
- Aseguran que las condiciones de trabajo estén estructuradas para desarrollar y mantener actitudes y hábitos productivos para los miembros del equipo.
- Aceptan fácilmente la responsabilidad de motivar a los demás para usar más de su pleno potencial para el logro.
- Aceptan e interiorizan la responsabilidad de motivarse a sí mismos.
- Comprenden que es su responsabilidad ayudar a los demás a hacer lo posible para poner en escena lo mejor de ellos.

Medir su integridad

Como líder y modelo, su integridad es medida por dos patrones dominantes: un entendimiento de las consecuencias a largo plazo, y si su esfuerzo genera beneficio o no.

> "EL CARÁCTER ES LA CLAVE DEL LIDERAZGO. UN ESTUDIO DE LA UNIVERSIDAD DE HARVARD INDICA QUE EL 85% DEL DESEMPEÑO DE LOS LÍDERES DEPENDE DEL CARÁCTER PERSONAL."
> - *WARREN BENNIS*

La pregunta del beneficio va más allá de lo concerniente a ganancia u oportunidad; todas las personas conectadas al esfuerzo deben beneficiarse y ninguna debería ser forzada a perder. Las consecuencias a largo plazo deberían ser estudiadas cuidadosamente según su habilidad.

En el análisis final, la integridad personal y profesional es fácilmente medida por la pasión del líder por el logro y por la definición de éxito del líder.

Elemento fundamental N° 2
–Un corazón servicial

Las personas exitosas en todos los caminos de la vida tienen una meta común: servir a los demás. Los líderes que carecen de un corazón servicial pueden disfrutar del éxito temporal, pero pronto se verán desilusionados. Pierden su concepto de lo que se trata el trabajo y carecen de credibilidad entre los miembros del equipo y los clientes, porque no creen en lo que hacen.

Los líderes sumamente efectivos, por otro lado, tienen éxito precisamente porque están deseosos de servir a los demás. No necesitan sustituir valores o ideales para tener éxito; en cambio, su corazón servicial es una actitud y un valor esencial que ayuda a formar un fundamento sólido para un liderazgo efectivo, para un éxito duradero y un logro continuo.

Los administradores y líderes astutos e inflexibles pueden creer que el liderazgo basado en valores es una alternativa débil para las estrategias administrativas difíciles de manejar; incluso otros pueden creer que solo los líderes débiles se toman el tiempo para enfocarse en valores, potencial, contribución y satisfacción.

Por otro lado, los líderes que poseen un corazón servicial:

- Creen que los miembros del equipo tienen un valor intrínseco más allá de sus contribuciones tangibles al éxito de la organización.
- Reconocen el valor de los miembros del equipo y el trabajo que ellos hacen.
- Desean ayudar y alentar a todo miembro del equipo.
- Hacen todo lo que pueden para alentar y facilitar el trabajo de los miembros del equipo.
- Están profundamente entregados al crecimiento de todo miembro del equipo.

En el ámbito organizacional, tener un corazón servicial les permite a los líderes entrenar, facultar y persuadir a aquellos que los siguen. Sin un corazón servicial, tales esfuerzos serán inseguros y menos que efectivos. Sin el clima de negocios global es moviéndose desde la producción de bienes y hacia una orientación de servicio, los líderes que responden a los desafíos realmente con el corazón de siervo, capacitarán a sus organizaciones para crecer y prosperar.

Los líderes pueden tener una visión clara, una misión fuerte, grandes metas y planes elaborados, pero si los miembros del equipo fracasan al ponerlos en práctica diariamente, la organización finalmente fracasará. Lo que los miembros del equipo hacen es lo que determina el éxito de una organización.

Los líderes están descubriendo que tener un corazón servicial produce beneficios inusuales:

- Están continuamente apasionados con lo que hacen.
- Siempre están llenos de entusiasmo por los resultados que logran sus clientes y miembros de su equipo.
- Miran cada nuevo día con gran anticipación.
- Siempre están esforzándose para construir una organización activa.
- Siempre están rodeados de miembros de equipo, positivos y productivos.

Los líderes que poseen un corazón servicial son dadores más que receptores. La misión de ellos es dirigir a los miembros del equipo hacia las cosas de manera correcta, y también hacer lo correcto. Tienen su posición en la organización precisamente porque pueden vivir sin ella; los líderes sumamente efectivos nunca intentan mantenerse en un cargo o con un título.

En contraposición, los líderes que intentan tener éxito sin desarrollar un corazón servicial deben hallar una forma de sustituir este valor clave. Cualquiera sea la estrategia que un líder adopte, los esfuerzos para tener éxito sin desarrollar un corazón servicial solo funcionarán por poco tiempo. Entonces, el líder es forzado a probar otro método... y otro, y otro. Eventualmente, el individuo termina moral y financieramente quebrado, y las personas que deberían haber sido servidas se esparcen para encontrar otros proveedores y otros empleadores.

Servicio, no un nuevo concepto

El concepto de un corazón servicial ha sido reconocido de generación en generación por grandes pensadores y personas de negocios; este, incluso, ha impulsado algunos de los axiomas de negocios más conocidos de nuestro tiempo:

"¡El cliente siempre tiene la razón!"

"¡El cliente es el rey!"

"Nuestros clientes son nuestros activos más valiosos."

La Biblia nos dice que los líderes primero deben ser sirvientes. Esforzándose para desarrollar un corazón servicial, los líderes efectivos rinden homenaje a esta antigua verdad de éxito. Y, además, hacen la inversión más importante de sus vidas, una inversión que tiene el potencial de pagar enormes dividendos si es cuidadosamente fomentada y desarrollada.

J. C. Penney, que construyó una de las cadenas de tiendas más grandes del mundo, reconoció la necesidad de un corazón servicial cuando dijo que "El placer y la satisfacción más grande de la vida están en el dar, y la dádiva más grande de todas es uno mismo". El ex presidente de los Estados Unidos, George Bush, lo expresó mejor cuando dijo: "Toda definición de éxito debe incluir servir a los demás".

Cuando los líderes superiores demuestran que genuinamente cuidan de los demás, los miembros de su equipo responden a esa actitud. El resultado final: los miembros del equipo quieren contribuir con la organización y los clientes continuar comprando. Muchos estudios demuestran que cerca de dos tercios de todos los clientes que dejan de hacer negocios con una organización y comienzan a acudir a otra, lo hacen por indiferencia. La indiferencia hacia los demás es neutralizada ligera y ciertamente con el desarrollo de un corazón servicial.

Cuando los líderes sumamente efectivos invierten en su organización y desarrollan el deseo de servir a los miembros de su equipo y a sus clientes, el dividendo inevitable es el gran éxito. Cuando los líderes poseen un corazón servicial, los clientes y los miembros del equipo saben que son apreciados y cuidados por la continua y apropiada atención personal del líder. ¡Los negocios y los miembros del equipo naturalmente van hacia donde se sienten bienvenidos... y permanecen donde son apreciados!

Cuando desarrollan un corazón servicial, los líderes exitosos tienden a:

- Cuidar genuinamente de las demás personas.
- Tener un fuerte deseo de servir.
- Creer en lo que están haciendo.
- Simpatizar con lo que están haciendo.
- Prestar atención a los detalles, pequeños y grandes.
- Aprender continuamente.
- Poseer carácter, integridad y honestidad.
- Hacer el trabajo con placer.
- Tratar a cada cliente y a cada miembro del equipo como alguien especial.
- Hacer más de lo que son pagados para hacer.
- Celebrar el innato potencial de los miembros de su equipo para el éxito.

Elemento fundamental N° 3 –Administración

Los líderes que son sirvientes desarrollan un sentido de responsabilidad –administración– sobre ciertos recursos y activos. La administración se vuelve evidente en un número de niveles, depende de la madurez del líder. El líder que, además, es administrador, pone énfasis no solo en la línea inferior, sino también en los activos intangibles e inapreciables de una organización. El talento colectivo del equipo es reconocido como el centro o la esencia humana de la compañía u organización. La verdadera administración reconoce al potencial humano como el activo más importante de la organización, lo que significa que las personas están en primer lugar.

Los líderes no pueden volverse verdaderamente efectivos y nunca están realmente entregados hasta que son capaces de poner el bienestar de los miembros de su equipo delante de ellos mismos, de sus beneficios y de sus propios intereses personales. El bienestar financiero es importante para todo líder de negocios, pero la cualidad que hace a un líder verdaderamente grande es vista en tiempos de extremo estrés financiero. En un instante, los grandes líderes cubrirán sus obligaciones con sus empleados y proveedores antes de recompensarse a sí mismos. Esto es la verdadera administración.

En organizaciones que fracasan, la administración efectiva ha sido el talón de Aquiles de la gerencia. Algunos líderes son simplemente incapaces de subordinar sus propias necesidades y deseos a los de los miembros de su equipo. Las presiones a corto plazo fácilmente desplazan los asuntos de largo plazo que tienen que ver con el desarrollo de las personas y sus talentos. El resultado inevitable: los miembros del equipo se sienten no apreciados y no queridos, y fracasan en hacer su contribución máxima hacia la organización.

Los líderes sumamente efectivos invierten tiempo, dinero y atención en el desarrollo, el fomento y la protección de la estabilidad inmediata de los miembros del equipo, así como su potencial a largo plazo para el éxito. Reconocen la importancia de servir como administradores eficientes a favor de la organización y de sus miembros. Admiten esto como la clave para la longevidad y la utilidad de la organización y, en una escala mayor, para el impacto de la organización en la economía y en la sociedad a través de su continuo ofrecimiento de valiosos productos y servicios.

¿Es la administración una novedad?

¿Es la posición de administrador otra novedad administrativa de negocios, como el vaciamiento y la tercerización? A pesar de la publicidad, las técnicas de administración basadas en novedades pronuncian resultados prometidos. Los programas "**Total Quality**

Management" ("Administración de calidad total") han producido típicamente pequeñas mejoras y las "precipitaciones" organizacionales apartan las complejas comunicaciones internas y las estructuras de responsabilidad. El vaciamiento también puede ser destructivo.

Durante 1990, menos de la mitad de las firmas que aplicaron el vaciamiento vieron mejoras a largo plazo en cuanto a calidad, productividad, o utilidad. Y la tercerización fue el furor administrativo hasta que los administradores descubrieron que este creaba más problemas de los que resolvía. Más que unas pocas compañías hallaron que la tercerización es increíblemente difícil de manejar, por lo que la producción externa fue elaborada de vuelta en casa.

> **"SI USTED NO ESTÁ PENSANDO TODO EL TIEMPO EN HACER A CADA PERSONA MÁS VALIOSA, NO TIENE OPORTUNIDAD."**
> - *JACK WELCH*

Tales "soluciones" administrativas a menudo dan por resultado una menor lealtad de la que había antes, por parte de los miembros del equipo. La razón es obvia: las decisiones y las acciones de los líderes destruían la lealtad que estaban intentando establecer.

Los líderes exitosos creen que la posición de administrador es una parte vital y permanente de su esfuerzo administrativo. Eso es porque continúan viendo a los miembros de su equipo como repositores del potencial humano. Como administradores de potenciales líderes sumamente efectivos, sentimos una continua responsabilidad de ayudar a los seguidores a crecer y a desarrollarse en todos los aspectos de su existencia. ¡Si la administración es una novedad, los mejores líderes en medio de nosotros intentarán hacerla permanente!

Todo ventura es un ejercicio en la administración, una única y sinérgica sociedad entre los visionarios y los que trabajan con ellos. Los líderes verdaderamente efectivos crean una sociedad con los miembros de su equipo que va más allá del proceso de ayudar a los seguidores a desarrollarse y a mejorarse. Los grandes líderes son capaces de moldear una sociedad que permita a los líderes y a los seguidores soñar grandes sueños, hacer planes nobles y continuar diariamente aquellos planes, juntos.

Si usted fracasa al desarrollar adecuadamente el potencial innato de los miembros de su equipo, pierde una increíble sinergia, una energía combinada que es inapreciable e irremplazable. Si la pierde o fracasa al guiarla efectivamente, usted y su equipo funcionarán a un nivel lejos más bajo que la capacidad de todos.

La administración del potencial humano es una parte arraigada y continua del trabajo de todo líder efectivo. Dos elementos críticos: 1) un sentido sutil de responsabilidad personal y 2) una comunicación informal entre el líder y los miembros del equipo, ayudan a los líderes efectivos y a los seguidores a volverse equilibrados, productivos y contentos. En vez de ser una molesta obligación, los miembros del equipo aportan su potencial para inclinar las balanzas de algunos negocios hacia el éxito y la utilidad.

Los tres niveles de sociedad de los administradores

Los mejores líderes se vuelven administradores, cuando forman sociedades con los miembros de su equipo en tres niveles:

Primero está el nivel de actitud, en el cual el líder puede efectuar un impacto positivo sobre los hábitos de pensamiento de los miembros del equipo. Las "novedades" y los estilos del liderazgo más popular pasan completamente por alto este nivel, se enfocan en cambio en sociedades cuya actividad está basada en metas o en sociedades constructoras de habilidades. Esta omisión es un gran error. A menos que las actitudes de los miembros del equipo permanezcan constantemente positivas y productivas, los esfuerzos hacia el logro de las metas y la construcción de habilidades crearan un pequeño impacto.

Los líderes efectivos forman sociedades de actitud al demostrar incidencia personal e interés por los miembros del equipo. Esta es una nueva experiencia para algunos líderes, pero demostrar a los miembros del equipo verdadero interés y atención es el primer paso crítico hacia una sociedad de actitud.

Segundo está el nivel de confianza, donde los líderes efectivos fusionan curiosidad, conocimiento e interés. Leales a su fundamento, sostienen una profunda y tolerante confianza en cada miembro del equipo, confían en la habilidad de ellos para hacer bien su trabajo, y confían en el potencial de ellos para grandes logros.

Es imposible para los líderes creer verdaderamente en algo por lo cual se interesan poco. En otras palabras, es bastante difícil para los líderes carecer de confianza en los miembros de su equipo, cuando están interesados en la vida de los miembros de su equipo. Cuando este es el caso, los líderes pueden fácilmente ver la verdadera capacidad y el auténtico potencial de cada miembro del equipo, lo que incrementa su confianza en su equipo.

Tercero está el nivel de aceptación mutua, donde los miembros del equipo son aceptados como son, con sus defectos y debilidades. Esto es esencial para guiar su potencial y ayudarlos al logro. Los líderes efectivos demuestran aceptación cuando involucran a los miembros del equipo en el cumplimiento de los objetivos de la organización.

En todos estos niveles, los miembros del equipo no estarán demasiado dispuestos a aceptar –mucho menos emular– a alguien que requiera que ellos cambien primero. Los líderes efectivos comprenden que deben ser los primeros en cambiar antes de esperar que los demás cambien. Desgraciadamente, muchos líderes y administradores continúan enfocándose solamente en el desarrollo de las habilidades de los miembros de su equipo, sin contar la actitud, la confianza y la aceptación. Dejan de comprender que la construcción de habilidades es verdaderamente efectiva, solamente cuando los otros elementos de la sociedad están firmemente situados.

Cuando los líderes se enfocan en las habilidades, además de en el potencial propio de los miembros del equipo en todas las áreas de la vida, el resultado es precisamente lo que los líderes quieren: creciente confianza, entrega y lealtad.

Valores como fundamento crítico

Cuando desarrollan los valores de integridad, un corazón servicial y administración, los líderes lograrán más de sus propias metas de lo que podrían, si ponen sus intereses y necesidades personales delante de los valores y de los principios. De hecho, los líderes que:

- Deseen fama... la encuentran ayudando a promover y a desarrollar a los demás.
- Quieren ganar dinero... lo obtienen cuando sinceramente sirven a los demás.
- Quieren amigos... los hallan cuando tienen la integridad necesaria para ser amigos de los demás.
- Quieren amor... lo encuentran amando a los demás.
- Desean un sentido de logro... son administradores del potencial humano, dedicados a ayudar a los demás a tener éxito.

Cuando los líderes sumamente efectivos poseen integridad personal y profesional, sus esfuerzos dan lugar a organizaciones sólidas y estables que prosperan, crecen y resisten la prueba del tiempo. Cuando los líderes extraordinarios desarrollan un corazón servicial, descubren una única sinergia que proviene de su sinceridad. Cuanto más dan, más tienen para dar. Cuanto más sirven, más capaces son de servir.

Y cuando los líderes aspirantes se esfuerzan para volverse administradores del potencial humano, comienzan a cumplir sus propias metas personales mientras hacen una única contribución a las vidas de los miembros de su equipo.

Comenzando hoy, ¿qué estrategias puede idear para demostrarle a los miembros de su equipo que usted posee integridad? ¿Qué pasos puede dar para comenzar a mejorar la cultura corporativa dentro de su organización? ¿Y cómo puede ayudar a efectuar un cambio en los sistemas y procesos, un cambio que ayude a su equipo a desarrollar confianza, lealtad y entrega?

Esas son peguntas críticas. Al final, usted es el único que puede decidir si adopta las actitudes y los valores convenientes para un liderazgo sumamente efectivo, o si intenta volverse exitoso sin ese fundamento crítico.

Tómese tiempo para construir un fundamento que resista la prueba de su éxito, porque un fundamento de valores resistirá la prueba del tiempo.

Construyendo un puente sobre los 5 pilares del liderazgo

CAPÍTULO TRES

Hace algunas décadas, un chico de quince años llamado John Goddard hizo una lista de todas las cosas que quería hacer en su vida. Cuando terminó la lista, tenía 127 ítems que se volvieron el programa para su vida. Algunos de sus primeros cumplimientos fueron relativamente fáciles: volverse un Explorador Águila, llegar a tipiar cincuenta palabras por minuto y aprender *jiu-jitsu*.

Algunas otras metas que John estableció eran un poco más inusuales: darle leche a una serpiente de cascabel, leer una enciclopedia entera, saltar en paracaídas. Luego había metas que para las personas comunes podrían parecer completamente imposibles: escalar el monte Everest, visitar todos los países del mundo e ir a la Luna.

Ahora la parte asombrosa de la historia: a la edad de cuarenta y siete años, John había cumplido 103 ítems de su lista original de 127. John Goddard fue motivado a identificar sueños importantes y a comenzar a trabajar en ellos, al escuchar a las personas mayores decir:

"Si solo hubiera hecho esto o aquello cuando era más joven...". Se dio cuenta que muchas personas dejan pasar toda la diversión, la excitación y las emociones de la vida porque no hacen planes. Hacer la lista –crear la visión– fue el comienzo del éxito de Goddard.

Crear su puente requiere visión

Sus esfuerzos por crear un puente sobre el vacío de liderazgo deberían comenzar con la misma clase de misión que motivó a John Goddard a tener éxito. Ciertamente, esa visión no es la misma para todo líder. Para algunos, puede ser la realización de un alto cargo político, la acumulación de riqueza, la creación de una gran organización de negocios o la provisión de un servicio necesario.

Si bien el éxito significa diferentes cosas para los diferentes líderes, nosotros hemos desarrollado una definición que adapta cualquier visión para un liderazgo efectivo: el éxito es la realización progresiva de metas personales y organizacionales predeterminadas y valiosas.

EL ÉXITO ES LA REALIZACIÓN PROGRESIVA DE METAS PERSONALES Y ORGANIZACIONALES PREDETERMINADAS Y VALIOSAS.

Un gran liderazgo no es algo que es creado por accidente; usted no lo puede comprar, heredar o crear sin ningún esfuerzo ni premeditación. En cambio, un gran liderazgo depende de seguir un proceso perpetuo de establecimiento y cumplimiento de metas. Los líderes sumamente efectivos trabajan para infundir los mecanismos de ese proceso en las mentes y en los corazones de los miembros de su equipo. Tal proceso opera a través de una "realización progresiva". El éxito del liderazgo depende de que el equipo y el líder busquen metas predeterminadas.

Esta clase de éxito no se materializa a través de la suerte o por accidente. Aunque muchos logros valiosos acontezcan como efectos secundarios de algún otro propósito, ellos son, a pesar de eso, una consecuencia directa de la prosecución de metas predeterminadas. No podemos siempre prever el efecto final de alcanzar una meta específica, pero el punto importante a reconocer es que el logro viene como una consecuencia directa de moverse usted mismo y su organización hacia metas predeterminadas.

Un incidente en la vida del inventor Thomas A. Edison ilustra la relación entre las metas predeterminadas y los cumplimientos no anticipados. Mientras Edison estaba trabajando en un problema complejo relacionado con la comunicación telefónica, tuvo una idea para inventar una maquina que grabaría y reproduciría la voz humana. Apresuradamente dibujó un diseño, se lo alcanzó a uno de sus asistentes de laboratorio, y le dijo: "Fabrica uno de estos".

Esa maquina fue el primer fonógrafo, el precursor de todos los complicados mecanismos de grabación que hoy disfrutamos. La invención de Edison resultó de su relación con un problema totalmente diferente que se había propuesto resolver. Si él no hubiera trabajado hacia una meta predeterminada, esta invención no habría sido visualizada.

> "SI USTED AHORA NO ESTÁ LOGRANDO EL PROGRESO QUE LE GUSTARÍA HACER Y QUE ES CAPAZ DE HACER, ES SIMPLEMENTE PORQUE SUS METAS NO ESTÁN CLARAMENTE DETERMINADAS."
> -PAUL J. MEYER

Sean para usted o para su organización, las metas que establezca deben, además, ser dignas. Muchas personas hoy emplean su tiempo como Don Quijote: luchan con los molinos de viento, eligen perseguir numerosas metas idealistas e imprácticas. Muchos líderes pierden toda oportunidad de efectividad porque utilizan su tiempo y esfuerzo persiguiendo arcos iris, y haciendo mucho ruido y pocas nueces. Están meramente ocupados en estar ocupados; nunca logran nada valioso sea para ellos mismos o para su organización, porque sus objetivos no son merecedores de sus esfuerzos. Como resultado, no pueden nunca sentirse verdaderamente exitosos o sumamente efectivos.

Sus metas deben también ser personalmente significativas para usted y para aquellos a quienes dirige, y deben estar en línea con sus valores, estándares y deseos, que deben ser también los de los miembros de su equipo. Tales metas suplirán necesidades personales y organizacionales.

Cuando esos requisitos son satisfechos, hallará posible mantener a su equipo y a usted mismo interesados y entregados al logro de metas específicas. ¡Además, descubrirá que su puente de liderazgo toma forma ante sus ojos!

Poner sus 5 pilares en posición

Para construir un puente que se extienda sobre el vacío de liderazgo, hay 5 pilares de liderazgo que deben estar en posición. Cuando estén firmemente establecidos en el apropiado fundamento de integridad, administración y un corazón servicial, entonces será capaz de llevar a su organización y a usted mismo a alturas que nunca ha soñado antes.

Los 5 Pilares del Liderazgo incluyen:

Pilar N° 1: definir su pensamiento

El primer pilar de la estructura de apoyo para su puente de liderazgo implica definir su pensamiento, para que usted sepa dónde está parado ahora y a dónde usted y su organización van. Recuerde: usted y los miembros de su equipo nunca alcanzarán metas si piensan encontrarse con ellas en la oscuridad. Usted necesita un camino bien luminoso y un plan bien concebido.

En ese momento, desarrollar una misión, una visión y un propósito para usted y para su equipo es sumamente importante. Así como usted y su familia no comenzarían un viaje de vacaciones sin un destino claro en mente, debe comenzar el viaje hacia el liderazgo sumamente efectivo armado con una idea clara de hacia dónde va y por qué.

El proceso de crear sus propias declaraciones de visión, misión y propósito realmente lo ayudan a examinar todas las seis áreas de su propia vida: financiera y profesional, física y de salud, familiar y del hogar, mental y educacional, espiritual y ética, social y cultural.

A medida que usted y los miembros de su equipo trabajen para desarrollar declaraciones de visión, misión y propósito para su organización, los que usted lidera se toparán con la misma necesidad de la misma clase de auto evaluación. Tal vez por primera vez, sus seguidores desarrollarán un claro entendimiento de por qué hacen lo que hacen, el propósito detrás de su trabajo. Adicionalmente, el desarrollo de una visión, misión y propósito de equipo ayuda a los miembros de su organización a vincular sus éxitos personales al éxito total de los negocios.

Usted y los miembros de su equipo pueden ser capaces de generar una lista imponente de objetivos organizacionales. Muy probablemente observará que algunos de los ítems de la lista están en conflicto con otros. Se vuelve necesario entonces asignar una prioridad a cada meta u objetivo organizacional. Establezca prioridades acordes a un sistema claro de valores organizacionales, las verdades que usted y su equipo consideran queridas y sagradas. Esos valores son revelados y creados a medida que su organización evalúa dónde está y a dónde quiere ir.

Nadie puede establecer prioridades por usted y por su equipo. Toda la organización debe aceptar la responsabilidad de establecer prioridades acordes al único sentido de valores y experiencias propio de los miembros del equipo.

Pilar N° 2: desarrollar un plan de acción por escrito

El segundo pilar del puente de liderazgo implica el desarrollo de un plan por escrito para el logro de las metas de su organización, junto con los plazos para su consecución. Es extremadamente importante que ese plan sea por escrito, de otro modo lo que hoy parece claro puede fácilmente volverse incierto u olvidado en la urgencia de las cosas de mañana. Las metas por escrito lo mantienen a usted y a los miembros de su equipo en rumbo, eliminan distracciones e interrupciones externas.

Adicionalmente, las metas por escrito sirven como punto de referencia, como recordatorio de los objetivos de la organización. Un plan por escrito para el logro de sus propias metas personales, además, contribuye a su efectividad al preservar tiempo y energía. Debido a que usted y su equipo saben todo el tiempo a dónde quieren ir, es más fácil determinar qué hacer inmediatamente después. Un plan por escrito también ayuda a distinguir conflictos en medio de varias metas y valores. Como equipo, puede entonces asignar prioridades apropiadas antes de que esos conflictos produzcan frustración personal o saboteen el plan de la organización.

Establecer un plazo para el logro de su meta es extremadamente importante. Cuando usted y los miembros de su equipo establecen un plazo, usted actúa sobre el plazo porque él actúa sobre todo lo suyo. Un plazo alerta nuestra química corporal para reaccionar a los horarios que hemos establecido. Como consecuencia, usted piensa, actúa y reacciona con urgencia y con apropiada energía. Así como sus músculos se preparan de una forma cuando usted se inclina a recoger el diario de la mañana y reaccionan en una forma totalmente diferente cuando se prepara para levantar un barril de cincuenta kilos, así su mente prepara su cuerpo y actitud para responder apropiadamente a los plazos que ha establecido para su organización y para usted mismo.

> LA MARCA DE LOS INDIVIDUOS AUTO MOTIVADOS ES SU HABILIDAD PARA DISTINGUIR ENTRE UN CONTRATIEMPO Y UNA DERROTA.

Los plazos crean un desafío, y usted y los miembros de su equipo se hallarán respondiendo a ese desafío. En deportes competitivos que incluyen plazos, la tensión aumenta a medida que el tiempo corre. Las jugadas más emocionantes están a menudo en los últimos minutos, especialmente si el juego es una final, porque las personas responden de maneras dramáticas al desafío de los plazos.

Los plazos, además, lo ayudan a usted y a los miembros de su equipo a mantener una actitud mental positiva. Ellos enfocan su atención y concentración en los objetivos clave. Lo capacitan a usted y a los miembros de su equipo para eliminar distracciones y para pensar clara y creativamente. Usted puede haber notado que las personas ocupadas son más positivas que los individuos que están ociosos. Para usted y los miembros de su equipo, la sanidad física y mental es estimulada por la actividad creativa necesaria para cumplir los plazos que ha establecido en los planes que ha hecho.

Los plazos deben, por supuesto, ser manejados con un entendimiento maduro. Usted es el amo y no el plazo. Algunas veces por circunstancias imprevistas y no premeditadas, usted y su organización no alcanzarán una meta particular en el plazo que ha establecido. Debido a que usted y su equipo establecen sus propias metas, pueden cambiarlas. Usted puede montar de nuevo sus perspectivas en vista de circunstancias alternativas y cambiar un plazo sin abandonar la meta.

Desarrollar un plan por escrito para el logro de sus metas personales y organizacionales, definiendo los obstáculos y las piedras que podrían haber entre usted, su equipo, y el cumplimiento de los objetivos, es de suma importancia. Esta parte del proceso no es meramente inventar excusas por algo que su organización aun no ha hecho. Es dar una apariencia realista de lo que usted y sus seguidores pueden esperar a medida que trabajan hacia el logro de una meta particular.

Pilar N° 3: crear deseo y pasión

El tercer pilar de apoyo implica el desarrollo de un deseo sincero entre usted y los miembros de su equipo para lograr metas personales y organizacionales. Una pasión ardiente de realización marca la diferencia entre una meta real y un mero deseo. Un deseo o una ilusión no tiene sustancia; es incierto, y no está moldeado ni apoyado por alguna acción.

El deseo, por otro lado, pone acción en los planes que usted ha hecho. Sin un deseo lo suficientemente fuerte de producir acción, usted y su equipo lograrán metas pequeñas, sin importar cuán digna es la meta ni cuán factible es el plan que ha trazado.

Todos nacemos con el deseo de lograr, pero también hemos soportado una gran cantidad de condicionamientos. Algunos de nosotros podemos haber permitido que nuestro torrente de creatividad y deseo sea interrumpido por circunstancias e influencias externas. Cuando redescubrimos la frescura, la vitalidad y el entusiasmo de la creatividad y deseo que cada uno de nosotros poseía cuando era niño, estamos listos par lograr el éxito.

Muchas personas emplean sus vidas dispensando esfuerzo en "mínimos requerimientos diarios", así como una prescripción para vitaminas. Ellos raramente exceden el mínimo esfuerzo requerido para conseguirlo. Realmente, los líderes y sus seguidores tienen inmensas reservas de fuerza como las experimentadas por los atletas que corren hasta quedar exhausto y alcanzar su "segundo aliento". Un deseo sincero y ardiente de realización dispara la buena voluntad para capitalizar todo su potencial, y la pasión lo propulsa a usted y a los miembros de su equipo hacia el logro de metas personales y organizacionales.

Los líderes exitosos desarrollan una pasión genuina y propulsora para el logro de metas personales y del equipo. Sin esa pasión, a todo líder le es quitado el poder, la fuerza y la convicción. En otras palabras, los líderes que desarrollan pasión y canalizan su deseo hacia el logro de objetivos individuales y organizacionales encuentran su efectividad y eficiencia marcadamente incrementada.

Pilar N° 4: desarrollar confidencia y confianza

El cuarto pilar es la habilidad suya y la de los miembros de su equipo de desarrollar suprema confianza en usted y en su habilidad de realización. Para los grandes líderes, nada ofrece confidencia más grande que poseer un conocimiento claro de las acciones planeadas y del orden en el cual ellas deberían ser tomadas. La mera existencia de un plan de acción por escrito contribuye inmensurablemente a la efectividad de su liderazgo. La fuente más importante de confidencia que usted puede tener es saber que usted y su equipo pueden hacer los cambios necesarios internos y externos que se requieren, para que las metas tangibles se vuelvan una realidad.

Muchos líderes experimentan dificultad en desarrollar suprema confianza, porque carecen de fe o confianza en la capacidad y desempeño de los miembros de su equipo. Los líderes sumamente efectivos, por otro lado, comprenden que el proceso de realización cuenta con un cambio de actitudes y hábitos de pensamientos básicos. Cuando los líderes exitosos aprenden a tener confianza en que los miembros de su equipo se desempeñarán adecuadamente, han dominado un factor clave al poner el plan de su organización en acción. Cuando usted ha desarrollado confidencia y confianza en los miembros de su equipo, ha tendido el cimiento para una confianza firme e inmóvil en la capacidad de su organización para tener éxito.

Esta clase de confidencia en los miembros de su equipo es construida sobre un fundamento firme, de una relación personal firme que crece rápidamente a medida que comparte conocimiento y experiencias. Pero el desarrollo de tal relación implica que debe estar involucrado personalmente con los miembros de su equipo. Cuando sabe por experiencia de primera mano por qué un miembro del equipo podría estar motivado a cumplir una tarea particular, usted es incomparablemente más confidente y más confiable de lo que sería si meramente hubiera asignado la tarea y se hubiera ido.

Los líderes siempre pueden obtener esa clase de conocimientos *después del hecho*, asignando trabajo y mirando los resultados, pero la experiencia personal –la clase de interacción individual que transforma el superficial conocimiento personal en confianza y confidencia– viene solamente de exponerse usted mismo y los miembros de su equipo a situaciones que requieran el ejercicio de todo su potencial. Una vez que reconozca el significado de la interacción personal y de la experiencia práctica, descubrirá que usted y sus seguidores realmente recibirán, aun con agrado, las experiencias más estresantes. Esas experiencias estresantes son fuertes constructoras de confianza y confidencia.

La interacción personal con los miembros de su equipo refuerza la confidencia y la confianza al suministrar un claro entendimiento de la capacidad de los miembros del equipo, de los progresos hechos y de las metas ya cumplidas. Como resultado, los líderes sumamente efectivos desarrollan dentro de sí las actitudes de confianza y confidencia en los miembros de sus equipos. Junto con sus seguidores, ellos comienzan a buscar maneras de que las cosas puedan ser hechas, en vez de buscar razones de por qué no pueden ser hechas.

Pilar N° 5: alentar el compromiso y la responsabilidad

El quinto pilar que soporta el puente de liderazgo es el desarrollo de un compromiso sincero de seguir su plan, a pesar de los obstáculos, las críticas o las circunstancias, y a despecho de lo que los demás digan, piensen o hagan. Esta última esencia del liderazgo lo aparta de la multitud mediocre de líderes y administradores que se someten a la presión de la sociedad, al deseo de aceptación y a la tentación de conformarse.

Un fuerte compromiso no es lo mismo que obstinación. Es más bien la aplicación de un esfuerzo sostenido, una atención controlada y una energía concentrada. El desarrollo de un compromiso y la aceptación de responsabilidad personal de los resultados, son las marcas de su rechazo a ser disuadido, desviado o alejado de su rumbo.

Una de las técnicas para desarrollar esta clase de compromiso y determinación es el uso del principio "actuar como si...". Comience a actuar como actuará cuando la meta sea alcanzada. Practique las actitudes y hábitos de liderazgo que ha elegido desarrollar. Nosotros aprendemos a hacerlo, haciéndolo. Actúe más allá del rol de liderazgo que ha elegido para usted, y crea en la posibilidad de alcanzar las metas. Para usted y para su organización, el motivador más grande de todos es la confianza.

La clave para el desarrollo de un fuerte compromiso radica en la aceptación de responsabilidad personal del éxito o el fracaso de su organización, y del logro de sus metas personales también. Todos los líderes efectivos se dan cuenta que el éxito o el fracaso final reposa en gran manera en sus manos.

Hágase las preguntas clave

Estos cinco pilares marcan los puntos clave de la estructura de apoyo de su puente de liderazgo. Alguna parte de cada pilar ya es una parte vital de su personalidad, y algunos pilares ya están probablemente mejor desarrollados que otros. A medida que trabaje para fortalecer y edificar sobre cada uno de esos cinco pilares, notará que su efectividad como líder también se incrementa. Además, descubrirá que cada uno de esos pilares sirve como una plantilla valiosa con la cual medir toda meta, todo plan y toda actividad.

Sea lo que fuere que usted y su organización planeen hacer mañana, la próxima semana o el próximo año, pregúntese:

- ¿He definido mi pensamiento para saber dónde estoy parado ahora y a dónde quiero ir? ¿Son mi misión, mi visión y mi propósito claros para mí y para los miembros de mi equipo?

- ¿Tengo un plan detallado y escrito para cumplir cada meta personal y organizacional importante, y he establecido un plazo final para su consecución? ¿Están mis metas personales equilibradas con la necesidad de ayudar al logro de mi organización? ¿Representan mis metas personales un equilibrio entre las seis áreas de la vida?

- ¿Tengo una ambición ardiente de cumplir las metas que he establecido para mí mismo? ¿He desarrollado dentro de los miembros de mi equipo y de mí mismo una pasión por el cumplimiento del éxito que hemos visionado?

- ¿Tengo suprema confianza en nuestra capacidad para alcanzar nuestra meta? ¿Confío en que los miembros de mi equipo se esforzarán por el éxito y para continuar desarrollando más de su potencial innato para su logro?

- ¿He aceptado la responsabilidad personal del éxito de mi equipo y del logro de mis propias metas personales? ¿Poseo determinación de hierro para seguir, a pesar de las circunstancias o de lo que los demás digan, piensen o hagan?

Si aplica los conceptos y las ideas esbozadas en los próximos cinco capítulos, puede responder un incondicional "sí" a cada una de estas preguntas. A ese punto, usted habrá construido los cinco pilares necesarios para llenar el vacío de liderazgo, y estará listo para embarcarse en un nuevo viaje desafiante hacia los emocionantes cambios y logros que yacen al otro lado.

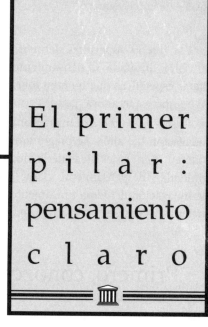

El primer pilar: pensamiento claro

*A*ún en el asedio de las actividades del día a día, los líderes más efectivos se toman tiempo para soñar, pues comprenden que una visión clara e ilimitada –la habilidad de verse a sí mismos y a sus equipos cumpliendo grandes cosas– es su herencia, su derecho y su más grande fuente de poder inspirador y motivador.

Pero una visión grande puede encogerse para vagar sin rumbo, sin un pensamiento y una atención adecuados. El pensamiento claro mueve los sueños un paso más lejos, afinando y afilando los propósitos y las ambiciones de visión ilimitada en metas y objetivos dignos. Los líderes exitosos reconocen que esas metas, claras y bien definidas, aguardan solamente un planeamiento cuidadoso y al catalizador del esfuerzo actual. Como parte de la ecuación del liderazgo que abarca soñar y planificar para el logro, el pensamiento claro es una de las cosas más valiosas del liderazgo que usted puede poseer.

Los líderes superiores definen su pensamiento para distinguir su visión ilimitada. El pensamiento claro los ayuda a identificar las metas especificas que quieren lograr... y a identificar dónde ellos y su equipo están ahora parados con relación a esos objetivos.

Casi todo líder o administrador experimenta serios momentos de indagación del alma. Se preguntan dónde están parados y a dónde quieren ir en varias áreas de la vida. ¿Es este un ejercicio de visión ilimitada y de pensamiento claro? ¡Usualmente no! Esos intervalos de indagación del alma típicamente producen solamente respuestas inciertas y evasivas... si es que producen alguna respuesta.

Primero, conózcase a sí mismo

Los líderes de pensamiento claro comprenden que desarrollar una visión para su organización y definir su pensamiento sobre las metas y los objetivos requiere primero entenderse a sí mismos. Los líderes más efectivos usan el pensamiento claro para determinar exactamente dónde están parados hoy y a dónde quieren ir. Solamente cuando se hayan examinado a sí mismos, están listos para examinar y desarrollar un curso de acción para su organización.

Sócrates dijo: "Conócete a ti mismo", ¡pero desafortunadamente su advertencia fracasó al no incluir las instrucciones especificas que nos permitirían cumplir esa hazaña! Debido a que la personalidad de todas las personas es compleja, no es fácil para los líderes y los seguidores conocerse a sí mismos. Específicamente, la motivación está sujeta a ciertas necesidades y anhelos básicos que ejercen influencia desde el interior. Y todos nosotros estamos continuamente sujetos a muchas influencias y presiones externas: condicionamientos de nuestra familia, de nuestra sociedad, de nuestro ambiente y de nuestras instituciones. Incluso, los hábitos de pensamiento y las acciones condicionadas son ideados por libre elección, que es la misma libertad que dirige el pensamiento claro y los objetivos que producirá el pensamiento claro.

Conocerse a sí mismo y a dónde quiere ir, implica, además, algún grado de toma de decisión. También implica una cierta cantidad de fe; no existe nunca un punto en el cual el conocimiento, la información y los datos son completa y totalmente precisos. Finalmente, usted debe actuar.

Segundo, defina su pensamiento

Los líderes sumamente efectivos usan el pensamiento claro para llegar a una decisión, y luego actúan sobre esa decisión. Para ellos, el pensamiento claro es el proceso que hace posible llegar a una decisión segura sobre las metas que han elegido seguir. El pensamiento claro es simplemente el acto de definir claramente las metas y los objetivos. *Si usted está insatisfecho con su presente modo de progresar, comparado con su verdadero potencial para el éxito, sus metas no están claramente definidas.* Todo logro en el liderazgo y en la vida está basado en esa simple comparación. Todo logro en cualquier área de la vida comienza con el conocimiento del estado actual y del destino eventual.

¿Ha tenido un amigo o un pariente que lo llama desde una ciudad cercana y le pide instrucciones para ir a su casa? Si usted no está familiarizado con esa ciudad, ni siquiera puede determinar un punto exacto de comienzo para dar las instrucciones. Antes de que la conversación vaya para cualquier lado, uno de ustedes tiene que definir su pensamiento sobre la ubicación actual, para que puedan encontrar un punto de referencia común para las instrucciones. Lo mismo vale para su persecución del éxito. Usted tiene que saber exactamente dónde esta antes de poder comenzar a dar un paso hacia adelante

La misma clase de pensamiento claro que lleva a los líderes sumamente efectivos a mantenerse relacionados consigo mismos y con su potencial, es también la fuerza dinámica que determina un curso de acción para toda la organización.

A este nivel, preguntas como estas sirven para definir una visión y un pensamiento enfocado en las posibilidades de logro:

¿Qué queremos?

Hacer esta pregunta ayuda a separar los sueños específicos y los deseos comunes de ambos, líderes y miembros del equipo. ¿Cuál es la razón de su esfuerzo? ¿Cuál es el resultado final que busca? Esta es una pregunta fundamental que usted y sus colegas deben responder antes de poder continuar hacia una visión y un foco localizado.

¿Por qué lo queremos?

Esta pregunta busca descubrir la verdadera motivación detrás de sus sueños y deseos específicos. Sin esa vital información, la búsqueda del éxito en todo nivel carece de real significado. Adicionalmente, esta pregunta puede tener varios grados. Suponga, por ejemplo, que usted es motivado a desarrollar una nueva línea de producción porque quiere tener más productos para vender. Primero debe preguntarse: ¿por qué quiere tener más productos para vender? ¿Desea la ganancia que se logrará? ¿Quiere una gran porción mayor del mercado?

¿Por qué aún no lo tenemos?

Esta pregunta requiere una cierta cantidad de indagación del alma. Si una meta es importante para usted y su equipo, ¿por qué aún no es una realidad? ¿Es porque carece de habilidad? ¿Y las capacidades? ¿Y la motivación? ¿Qué fuerzas le han impedido lograr la meta antes?

> "SI HAY ALGO QUE ESTÁ CLARO A CAUSA DE UN SIGLO DE INVESTIGACIÓN DEL LIDERAZGO ES ESTO: LOS LÍDERES TIENEN UN CLARO Y A MENUDO OBSESIVO SENTIDO DE LO QUE QUIEREN LOGRAR."
> -*PAUL EVANS*

¿Podemos obtenerlo?

Los líderes que intentan dar respuestas definitivas y concretas a las preguntas, "¿Podemos hacerlo?" y "¿Funcionará?" están engañándose a sí mismos y a los miembros de su equipo. En cualquier área del negocio o de la vida personal, las garantías no existen. Pero los líderes *pueden* estimar sus situaciones presentes y la *probabilidad* de circunstancias y eventos futuros. Estos análisis apuntan a un momento definido: los líderes y los miembros del equipo deben convencerse a sí mismos de que el objetivo ante ellos realmente *está* a su alcance. Por lo tanto la pregunta "¿Podemos obtenerlo?" se vuelve un punto crítico que hace público un compromiso para actuar o una resistencia a moverse hacia adelante.

¿Cómo lo mediremos?

Esta pregunta demanda alguna clase de método preciso de medición del éxito. Algunas veces el método puede ser una declaración de ganancia y pérdida. Otras veces, puede incorporar elementos intangibles, como la moral de los miembros del equipo o la buena voluntad de la comunidad. Una cinta métrica debería acompañar todo esfuerzo digno. Encontrar esos métodos precisos de medición requiere un pensamiento claro y una buena disposición para pensar "fuera de la caja". Desdichadamente, el pensamiento convencional a menudo restringe a los líderes y a los seguidores a métodos que no pueden aplicar por mucho tiempo.

¿A quién afectará?

¿Los afectados serán solo los miembros del equipo y los líderes, o incluso también clientes, proveedores y miembros de la sociedad sin limitación? Muchos líderes cometen el crítico error de menospreciar el impacto que sigue a sus acciones y decisiones. Comprensivamente, lograr generar un pequeño impacto rara vez motiva a los miembros del equipo. Cuánto más grande es el impacto, más grande es la buena voluntad de contribuir al esfuerzo total.

¿A quién beneficiará?

¿Las metas y los objetivos beneficiarán solo a los líderes? ¿Beneficiarán solo a quienes trabajan en el proyecto? ¿Beneficiarán solo a los miembros del equipo? ¿O hay grandes beneficios que se extienden más allá de las paredes de la organización? Como el impacto, el beneficio es un motivador poderoso. Muchos líderes reducen su motivación al limitar su esfera de beneficio. Las metas y los objetivos deberían ser seleccionados sobre la base de un criterio que centre el beneficio y el impacto. Cuánto más grande y más extenso es el beneficio del logro, más grande y más extenso es el impacto generado.

¿A dónde nos conducirá?

Responder esta pregunta final requiere una considerable previsión del liderazgo y la habilidad de predecir cambios y tendencias. Usted puede descubrir, según sus datos y tendencias, que la meta y el objetivo sobre el que se ha enfocado no lo llevarán a dónde usted y su equipo quieren ir. Esta es una información importante, una información que le permite alterar su rumbo antes de que las metas lo conduzcan a algún lugar al que no intenta ir.

El pensamiento claro se aplica a todo

Todos los grandes líderes comprenden una simple verdad: para tener una organización justa, tienen que tener a las personas justas. Pero muchos líderes y administradores suponen que una vez que ellos mismos son "justos", la organización seguirá naturalmente un camino hacia el éxito estelar.

Esto es un error por tres razones importantes:

Primero, los dueños, los administradores y los líderes pueden ser "justos", –eso es, que pueden verse a sí mismos como eficientes y productivos– pero a menos que hayan definido su pensamiento para desarrollar una visión para el futuro de su organización, no pueden lograr un éxito adecuado a su potencial. Las Escrituras nos dicen que *"por falta de conocimiento mi pueblo ha sido destruido"* (Oseas 4:6). Donde no hay visión, los negocios también perecen.

Cuando los líderes sumamente efectivos han definido su pensamiento y saben dónde quieren que la organización vaya, pueden entonces transmitir esos pensamientos a los miembros de su equipo. Los miembros del equipo siempre quieren saber más –no menos– sobre dónde la organización está yendo. Los mejores líderes siempre están ansiosos de proporcionar esa información.

Segundo, ninguna organización puede darse el lujo de quedarse estática y repetir interminablemente los comportamientos que inicialmente la llevaron al éxito. Los tiempos cambian, las personas cambian y los climas de los negocios cambian. Los líderes sumamente efectivos están preparados para dar la bienvenida y abrazar al cambio en vez de intentar huir de este. Esto puede llevar años, incluso décadas, pero los líderes efectivos comprenden que toda organización que no cambia está predestinada a la extinción.

Tercero, los líderes aspirantes no pueden minimizar el propósito por el cual la organización existe. La noción de que un negocio existe solamente para producir un beneficio es peligrosamente falta de perspicacia. Cada organización debe también abastecer a la propia familia de los miembros del equipo, a sus clientes y a la sociedad en general.

Pero la expansión del pensamiento de un líder no puede detenerse allí. Todos los grandes líderes definen su pensamiento para ayudarse a sí mismos y a sus equipos a saber qué están esforzándose a hacer, dónde la organización está yendo, y por qué los líderes y los miembros del equipo están haciendo el esfuerzo. Las declaraciones de misión, visión y propósito son las marcas del pensamiento claro. Son los elementos necesarios que deben estar en posición antes de que el liderazgo verdaderamente efectivo pueda existir.

Desarrollar una misión clara

Para su organización, el éxito siempre gira alrededor de la realización progresiva de metas dignas y predeterminadas. Pero antes de que usted avance a desarrollar un plan de acción para lograr las metas y los objetivos organizacionales, primero defina su pensamiento para determinar la misión, la visión y el propósito de su equipo.

Sea por usted o por su organización, una declaración de misión es un breve pero poderoso resumen de su razón de existir. Esta provee dirección, foco y consistencia para todo lo que usted y su equipo decidan hacer.

El acto de definir su pensamiento puede generar una estimulación y un entusiasmo muy grande. Pero esos efectos son temporales. Una vez que ellos desaparezcan, una declaración de misión sólida lo ayudará a usted y a los miembros de su equipo a mantenerse encarrilados hacia los objetivos que ha establecido.

¡Una declaración de misión solo es efectiva, no obstante, si los miembros del equipo la conocen y la comprenden! En muchas compañías, los empleados realmente nunca entienden el significado de la declaración de la misión. *En la actualidad, la vida de todo miembro del equipo depende de entender las palabras y el significado de la declaración de la misión.* Si la masa de empleados fracasa al comprenderla e interiorizarla, es una falla de la administración. Verdaderamente, esa falta de entendimiento y firmeza del propósito pueden eventualmente contribuir a la caída de cualquier líder.

Así como usted y su organización tienen declaraciones de misión, cada miembro de su equipo también debería tener una. Las declaraciones de misión personales y de negocios sirven como fundamento para guiar las decisiones, las acciones y las metas en la profesión y en la vida privada.

Las decisiones de negocios "sensacionales" que lee en la sección de negocios de su periódico son usualmente hechas por compañías que operan sin declaración de misión. Algo espectacular puede suceder que reciba mucha atención, pero con el paso del tiempo, debido a que no hay un pensamiento claro o un gran diseño que guía las acciones de esos administradores o líderes, ellos se descarriarán más y más lejos de su potencial. Esos individuos han típicamente perdido la visión de su propósito –tanto personalmente como en los negocios– porque no han sido capaces de definir su pensamiento y de enfocar su creatividad colectiva sobre impactos y resultados especiales. Su descuido quita mérito y puede destruir la contribución, el impacto y el éxito de su organización.

Mire la declaración de la misión de su propia organización. Se supone, por supuesto, que usted tiene una. Si no es así, un pensamiento claro lo ayudará a generar una en forma rápida y eficiente. Trabaje para generar una declaración de misión tan sucinta y breve como sea posible. ¿Por qué? Porque usted no puede esperar que los miembros de su equipo comprendan, acepten e interioricen una declaración de misión que no puedan memorizar.

Una declaración de misión concisa y bien escrita es el epítome del pensamiento claro. Describe el propósito de la organización en términos relacionados no solo con la venta de productos y servicios, sino también en términos de quién abarca el mercado para el producto y el servicio, cómo el producto o servicio beneficia al consumidor y cómo el negocio se beneficiará a causa del éxito. Los líderes más exitosos saben que serán incapaces de lograr sus metas, a menos que todas las personas involucradas en el proceso puedan cumplir sus propias metas.

En el análisis final, un informe de cada miembro del equipo sería probablemente necesario para construir una declaración de misión completa, concisa y bien equilibrada. Adicionalmente, necesitará paciencia y perspectiva a largo plazo si quiere captar el pensamiento y las ideas de cada miembro del equipo, pero el resultado es incluso la más grande dedicación y comprensión por parte de todos los individuos. Los grandes líderes han descubierto esta verdad fundamental: no pueden conducir sin escuchar.

Si presta atención a los informes de los miembros del equipo, los líderes pueden trazar un rumbo organizacional que cotejará cercanamente los sueños y deseos de la masa de trabajadores, así como los de los administradores y los suyos propios. La definición que este proceso da a la cultura organizacional, así como el orgullo que genera eleva la habilidad de la organización para atraer y conservar a buenos miembros del equipo.

Los miembros del equipo que están emocionados de "estar a bordo", se dedican a la misión del grupo con más placer que aquellos que están inseguros de que han hecho un movimiento sabio. El resultado inevitable de que todas las personas tomen la misma visión, es un grupo de individuos más unido que está unificado para lograr una meta común a largo plazo, y que está comprometido para el mismo propósito central.

Poner a la vista el esfuerzo requerido para definir su pensamiento y definir su misión y la de su equipo, recompensará a cada uno de ustedes con un fundamento sólido y estable para logros futuros. Así como la fuerza y la estabilidad de su fundamento determinan las alturas a las cuales usted y su organización pueden aspirar, su declaración de misión, acoplada con su compromiso a desarrollar su equipo, predecirá efectivamente el éxito eventual de los negocios.

Crear una visión clara

Una declaración de misión les dice a los miembros de su equipo y a sus clientes qué hace el negocio, mientras una declaración de visión les permite saber hacia dónde el negocio se dirige. Si una declaración de misión es el elemento crítico en el desarrollo de un liderazgo sumamente efectivo, entonces una declaración de visión debería ser considerado como algo aun más vital.

Para usted, definir su visón hace al proceso de volverse un líder efectivo mucho más fácil. Para sus asociados, una visión concisa identifica las metas de su negocio y une esas metas a las suyas.

Sin una declaración de visión, muchos de los miembros de su equipo probablemente sienten que son parte de algo bastante ordinario, algo monótono, lánguido y carente de dirección. La declaración de visión establece el tono para el futuro de la compañía. Esta debería ser emocionante pero breve, debería transmitir un sentido de urgencia y un claro sentido de destino corporativo.

Si usted quiere ser un líder sumamente efectivo, déle un buen vistazo a su declaración de visión. ¡Si no tiene una, necesita generar una hoy! Una declaración de visión define el futuro; cada día que trabaja sin ella, trabaja para el ayer más que para el mañana. Su declaración de visión debería ser un conducto o canal para sus metas y expectativas. Esto debería desafiarlo junto a los miembros de su equipo a un futuro brillante sin agobiar a nadie con los errores y las elecciones pobres que pueden haber sido hechas en el pasado.

Mientras una declaración de misión es en gran manera un consenso del pensamiento claro, una declaración de visión puede no requerir el informe de cada miembro del equipo. Si usted se adueña del negocio o ayuda a conducirlo, usted es el individuo que debería determinar –o al menos ayudar a determinar– lo que el futuro reserva. Los líderes sumamente efectivos saben a dónde la organización es dirigida. Sus cruzadas se enfocan en conducir a los miembros del equipo a lo largo de un camino predeterminado para el éxito.

Mientras su declaración de misión representa las razones por las que usted y su organización continúan existiendo, una declaración de visión sirve a un propósito más alto: le dice al mundo lo que usted intenta hacer con los dones y los talentos que su Creador le ha dado a usted y a los miembros de su equipo.

Inspirar un propósito claro

Una declaración del propósito simplemente expresa por qué usted y su equipo hacen el esfuerzo para tener éxito. En el más grande proyecto de cosas, una declaración del propósito debería probablemente venir antes que una declaración de misión y visión. Después de todo, la motivación de la acción debe preceder a la acción misma. Muchos negocios y líderes sumamente efectivos ya tienen declaraciones de misión y visión, aunque extremadamente verbosos e imprecisos.

Por lo tanto, ¿por qué dejar la declaración del propósito para lo último? En gran manera porque esta requiere el más alto grado de reflexión, un pensamiento claro, lo cual es la razón primaria de por qué la mayoría de los líderes y organizaciones carecen de una declaración de propósito. Una declaración responde a una pregunta fundamental: ¿por qué hago lo que hago?"

Esa pregunta se aplica tanto a usted en forma personal como a la organización a la que pertenece. Además, se aplica a toda persona que lo ayuda en el esfuerzo de ser exitoso.

Por lo tanto, ¿por qué hace lo que hace?

Esta es una pregunta personal; nadie puede responderla salvo usted. Además, usted está infinitamente más calificado que nadie para decidir su propósito. Por lo tanto, ¿cuál es su propósito predominante? ¿Es el dinero? ¿Es su familia? ¿Está haciendo todo esto por los miembros de su equipo? ¿Por su comunidad? ¿Por la sociedad en general? ¿Por Dios? Solo usted puede decidir.

Su declaración del propósito debería ser tan breve y concreta como lo son las declaraciones de misión y visión. *Las tres declaraciones combinadas deberían requerir menos de cien palabras*. Usted probablemente ha visto compañías y organizaciones que usan más de setenta palabras solo para su declaración de misión. ¿Cuál espera que sea más memorable?

El pensamiento claro y el futuro

Recuerde: si usted no progresa como le gustaría y es capaz, es simplemente porque sus metas no están claramente definidas. Si quiere avanzar para desarrollar todo el potencial de su organización para el éxito y la realización, las declaraciones claras y concisas de misión, visión y propósito, son esenciales.

Esas declaraciones pueden no ser pensadas como frases de moda o como la última novedad en los negocios. No pueden ser consideradas propiedad exclusiva de comerciantes intelectuales y consultores de negocios. Esas declaraciones deberían haber sido parte de toda empresa de negocios desde los albores del comercio. Si se hubiera hecho así, hoy seríamos mucho más exitosos.

¿Por qué? Porque las declaraciones de misión, visión y propósito por escrito definen el pensamiento, y el pensamiento claro motiva la acción. Si fracasa al definir su pensamiento o decide ignorar la creación de su única declaración de misión, visión y propósito, elige tirarse a usted y a su organización a la basura de la historia de negocios. Su organización y el equipo pueden no colapsar mañana, ni la próxima semana ni incluso la próxima década. Pero tarde o temprano, sin embargo, la falta de un pensamiento claro lo conducirá a usted y a sus seguidores al suelo.

> "SI USTED NO TIENE METAS, NO HAY NADA QUE CUMPLIR."
> - TIGER WOODS

Tómese tiempo para pensar qué hace, por qué lo hace y a dónde quiere ir. Pocos momentos de pensamiento creativo pagan enormes dividendos de liderazgo. En momentos de soledad, los líderes renuevan sus fuerzas. Tómese ese tiempo para recordarse a sí mismo su misión, su visión y su propósito personal o de negocios.

Encontrar oportunidades para definir su pensamiento puede requerir quitar la adicción seductora de las tareas aparentemente urgentes. Usted se detiene y se reenfoca porque anhela un logro duradero y un éxito significativo. Invertir tiempo y energía emocional en pensamientos claros refresca su inspiración, su motivación y su energía creativa.

¡Defina su pensamiento hoy!

CAPÍTULO CINCO

El segundo pilar: planes y equilibrio

l próximo paso hacia la efectividad máxima implica el desarrollo de planes por escrito para el logro de objetivos específicos. Esos objetivos son metas que mueven al equipo hacia adelante y ayudan tanto a los líderes como a los miembros del equipo a desarrollarse personalmente. Así como un corredor tiene una meta que cruzar, todo individuo, desde líderes hasta seguidores, tiene metas que alcanzar.

Los planes por escrito determinan tanto cómo y cuándo usted y su equipo cruzan la línea final. ¿Correrá en línea recta hacia su meta? ¿O se moverá en zigzag para ver cómo es el camino hacia el logro, de una manera diferente? La decisión es suya. Al igual que las decisiones que ha tomado a través del pensamiento claro, usted no puede hoy darse el lujo de abdicar su control sobre el proceso.

Para el corredor que entra en la última vuelta, es el momento de dar grandes pasos. Para usted es el momento de escribir sus planes y metas. Los planes por escrito son esenciales si intenta empujar sus metas más allá del reino de la ilusión. Con planes claramente detallados y cuidadosamente trazados, usted elimina cualquier confusión que su propio proceso de pensamiento pudo haber creado. Si considera su viaje de liderazgo una carrera o maratón, los planes por escrito le permiten convertir lo teórico en práctico, el pensamiento en acción y los sueños en realidad.

La importancia de los planes por escrito

Desarrollar planes por escrito lleva consigo un beneficio impresionante: minimiza la tendencia de dejar para mañana. El plan por sí mismo genera un "descontento inspirativo" con las cosas como son. Los líderes verdaderamente efectivos visualizan claramente el logro de las metas que establecen. Esos objetivos se les aparecen como un hecho cumplido, aun antes de que ellos comiencen el camino hacia el logro. Como resultado, los líderes sumamente efectivos están más comprometidos con un plan de acción particular y están más confiados en su capacidad para lograr la meta. La energía, el entusiasmo y la emoción son todos estimulados por planes de acción por escrito. En vez de preguntarse cuándo o sí ellos deberían comenzar, los líderes sumamente efectivos no pueden esperar para comenzar.

Si usted es incapaz de escribir algo, no puede definirlo. Si no puede definir una meta en un plan por escrito, probablemente nunca haga de la meta una realidad. Los planes por escrito para la realización de metas a menudo son obras de arte en sí mismos.

Típicamente, los planes por escrito contienen cinco elementos esenciales:

1. La meta, escrita de manera clara y concisa.
2. El plazo o la fecha estipulada para el cumplimiento de la meta.

3. Un resumen de los beneficios a alcanzar y de las perdidas a eludir como resultado del cumplimiento de la meta.

4. Un resumen de los posibles obstáculos para el cumplimiento, junto con estrategias por escritas para superarlos.

5. Un plan paso por paso para el proceso de cumplimiento.

Poner las metas sobre un papel sirve como un compromiso con la realización. Las personas exitosas cuentan con planes por escrito como indicadores en la búsqueda por desarrollar cada área de la vida. Para aquel que quiera convertirse en un líder extremadamente exitoso, los planes por escrito son el segundo elemento esencial.

El desafío del equilibrio

Los líderes ejemplares usan metas específicas y por escrito para desarrollar un sutil sentido de equilibrio en sí mismos y en los miembros de su equipo. La senda hacia ese único sentido de equilibrio es el camino para convertirse en una persona total.

Para convertirse en una persona total y un líder completo, primero enfóquese en lograr todo su potencial como individuo. Segundo, comprométase a crecer personalmente estableciéndose y esforzándose hacia el cumplimiento de metas desafiantes en las seis áreas clave de la vida: familiar, financiera, mental, física, social y espiritual. Cada una de esas seis áreas demanda excelencia de parte de todos nosotros, y cada área es un punto de referencia del proceso de ser una persona total.

¿Por qué es imperativo para los líderes sumamente efectivos primero convertirse en una persona total? Expresado simplemente, los líderes son modelos. Si pasan por alto una o más de las seis áreas de la vida, automáticamente desarrollan algo de existencia desequilibrada. Sin importar el estatus o rango en la vida, una vida fuera de equilibrio hace que algunos pasen por el proceso bastante doloroso de subir y bajar las colinas de la experiencia humana. Cuando los líderes despliegan una existencia desequilibrada, también la integridad de su liderazgo está comprometida.

Este "paseo con baches" es responsable de la mayoría de las dificultades que importunan a la sociedad moderna. Los individuos que son deficientes en una o más áreas de la vida tienden a torcer y a deformar las otras áreas. Las vidas torcidas no son creadas por accidente o circunstancias. En cambio, son resultado de una elección deliberada, de la consecuencia inevitable del descuido y abandono de varios aspectos de la vida. El resultado es un individuo fuera del círculo, alguien que está fuera de equilibrio y a menudo también fuera de control.

Examinemos las seis áreas de la vida que caracterizan a la persona total:

Familiar – Las metas familiares lo afectan a usted y a quienes usted ama. Usualmente son metas que guían su interacción, definen su compromiso y crean un sentido de valor cohesivo que lo une a aquellos que cuida.

Financiera – Las metas financieras afectan las ganancias, los ahorros y las inversiones. Las metas financieras rigen cómo usted gana, adquiere y usa la ventaja financiera. Estas, además, se relacionan con mejoras en la profesión, con la contribución en negocios y con su legado personal hacia aquellos que ama.

Mental – Las metas mentales se enfocan en expandir la mente. Las metas mentales le permiten acumular conocimientos que conducen a mejorar su espíritu y condición. Estas metas dirigen su búsqueda de dominar cualquier materia o habilidad. Las metas mentales lo guían hacia prosecuciones intelectuales y lo ayudan a que experimente el verdadero gozo de aprender.

Física – Las metas físicas ayudan a que usted mejore su cuerpo. Las metas físicas rigen la clase de figura física que usted tiene o la que desea alcanzar. Estas metas, además, pueden enfocarse en actividades deportivas y de recreación que usted disfruta. Las metas físicas tratan con su salud y disposición.

Social – Las metas sociales fortalecen su habilidad para interactuar personalmente con los demás. Le ayudan a comprometerse con experiencias nuevas y diferentes, conocer personas nuevas y aceptar desafíos nuevos para vivir y trabajar con los demás.

Espiritual – Las metas espirituales afectan su relación con su Creador. Esas metas lo unen a cualquier fe que profese. Las metas espirituales crean y lo unen a ciertos estándares éticos de comportamiento y conducta moral. Las metas espirituales pueden ayudarlo a expresar su propia filosofía religiosa.

Nadie –a pesar del estilo de vida o estatus– puede ser considerado una persona total, a menos que haya desarrollado metas significativas para cada una de las seis áreas de la vida. Además, nadie puede convertirse en un líder sumamente efectivo sin convertirse primero en una persona total. Y nadie puede alcanzar el estatus de una persona total sin un claro propósito o una verdadera razón de vivir.

El descuido de cualquiera de las seis áreas conduce al abandono del estatus de persona total. El elemento esencial de un éxito duradero, personalmente y en una posición de liderazgo, es el equilibrio.

La rueda de la vida

Las seis áreas de la vida pueden ser comparadas con los rayos de una rueda. Cada rayo se esparce desde el centro de la rueda –el centro de su vida– hacia la llanta. Es bastante posible que, dada una carencia de foco en una o más áreas, algunos rayos sean más largos que otros. De hecho, algunos rayos pueden ser bastante cortos. Solamente unos pocos rayos pueden realmente ser lo suficientemente largos para alcanzar la llanta.

Como podría esperar, los rayos que no alcanzan la llanta pueden crear una rueda de la vida que tiene más la forma de un triangulo o de un trapezoide. Una rueda desequilibrada no rodará muy rápido, si rueda. Este es precisamente el efecto que las áreas ignoradas de la vida causan sobre la personal total quiebran todo progreso activo hacia una interrupción eventual.

Para que usted se vuelva un líder efectivo, es importante que cada rayo de su rueda –cada una de las seis áreas de la vida– sea adecuadamente desarrollada. Sí, por ejemplo, usted se enfoca en cuatro áreas y descuida las otras dos, su progreso activo será severamente impedido.

Solo si desarrolla una rueda bien redonda puede estar confiado de hacer la clase de progreso necesario para alcanzar sus metas, conducir a los demás efectivamente y utilizar más de su potencial dado por Dios.

El resultado del descuido

A pesar de su nivel de efectividad, los líderes son a menudo personas extraordinariamente ocupadas. Realmente, usted puede sentir que ya está marchando con el máximo potencial y que no tiene más tiempo, ni más energía ni más esfuerzo que dar para ser más de lo que es. Es, sin embargo, un error grave ignorar varias áreas de su vida simplemente porque cree que no puede emplear el tiempo o el esfuerzo requerido para desarrollarlas.

¿Por qué? Porque probablemente usted aún no ha alcanzado su "segundo aliento". Este "segundo viento", como los atletas saben, solo se muestra cuando el primer viento ha sido completamente consumido.

Adicionalmente, creer que usted no necesita dedicar tiempo ni atención a cierta área de la vida, lo lleva a fracasar en una o más de las otras áreas. A causa de que cree que ya está corriendo a alta velocidad en el camino hacia el éxito, es algo seguro que una o dos áreas ya están sufriendo los efectos del descuido. El resultado final será una rueda de la vida que difiere severamente de ser redonda.

Muchos de los líderes exitosos han descubierto que vivir una vida fuera de equilibrio realmente los motiva a aflojar el paso, porque son forzados a desviar su foco hacia los problemas que ocurren cuando ignoran otras áreas de la vida.

Si nosotros cuidadosamente observamos a los individuos que contribuyen al continuo declive y destrucción de la sociedad moderna, descubrimos que típicamente carecen de entendimiento de la necesidad de volverse una persona total. Debido a que esos individuos carecen de metas y objetivos en las áreas clave de la vida, cualquier aproximación a una existencia equilibrada es un ideal inalcanzable para ellos.

Una tragedia humana básica es que la mayoría de esos individuos tienen una confianza severamente limitada en sí mismos y en su potencial para el éxito. Nunca se han tomado tiempo para examinar la vida como un todo, nunca se molestaron en pensar en las distintas áreas de la vida. Como consecuencia, nunca han aprendido el arte de enderezar y fortalecer las ruedas de sus propias vidas. Sus descuidos son nuestros descuidos. Muchos de nosotros hemos estado lo suficientemente complacidos de permitir a esos individuos hacer su propio camino, mientras que sus caminos no se cruzasen con los nuestros. Los líderes eficientes y efectivos buscan formas de hacer que los caminos y el potencial humano se intercepten. Esos cruces son una oportunidad para enseñar, entrenar y dirigir. Ellos representan la mejor oportunidad de cada líder para ayudar a los demás a sacar lo mejor de sí mismos.

Mostrar a los miembros de su equipo cómo desarrollar todo su potencial y cómo crear una existencia equilibrada, genera un vínculo común entre usted y otros líderes comprometidos, y entre usted y los miembros de su equipo. Este es el proceso –su desarrollo y el de su gente, y el desarrollo de las ruedas individuales de la vida– que es el elemento esencial del liderazgo sumamente efectivo.

Su evaluación personal

¿Dónde está parado hoy en cada una de las seis áreas de la vida? Piense cuidadosamente en su estatus en cada área de su vida Si "10" representa la perfección y "1" solamente un impacto mínimo, ¿dónde se ubicaría? ¿Dónde marcaría su progreso en cada área de la vida?

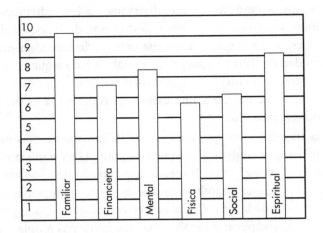

Tómese unos momentos para pensar cómo es su vida hoy. Luego marque cada área de la vida para reflejar su honesta evaluación de dónde está parado en relación con su potencial para el éxito. Sea tan honesto como sea posible; nadie necesita ver el gráfico, salvo usted. Cuando haya terminado de marcarlo y esté satisfecho con las posiciones que ha asignado a cada área de la vida, transporte esos números a la rueda de la vida. Luego, en el sentido de rotación de las agujas del reloj, conecte los puntos.

¿Es su rueda de la vida, redonda? ¿Cómo rodaría a través de la vida? ¿En qué área de la vida usted comúnmente sobresale? ¿En qué área podría generar el impacto inmediato más grande? ¿Qué área le llevaría más tiempo mejorar? ¿Qué metas puede comenzar a lograr hoy, que contribuirán a una rueda más redonda?

Muchos líderes que han logrado un éxito extraordinario en el mundo de los negocios están aterrados de ver que sus propias auto evaluaciones indican una dramática necesidad de mejoramiento personal. Si esto es verdad para usted, puede descubrir que se siente alicaído, depresivo o incluso enojado, con respecto a dónde está parado en las otras áreas de la vida. No hay necesidad de sentirse acongojado por las posiciones que ha asignado a las distintas áreas. En cambio, transforme toda emoción negativa en una pasión positiva y productiva, un entusiasmo genuino para realizar los cambios apropiados.

Comience por hacer cambios significativos, establezca metas y prioridades en cada área de la vida. ¡Encontrará incluso a los pequeños cambios significativos y emocionantes! Luego, desarrolle los planes, paso por paso, necesarios para garantizar el logro de esas metas. Una vez que tenga los planes en posición, es hora de entrar en acción para lograr los resultados que quiere... y para emitir una rueda de la vida más redonda. Recuerde, el 90% de todos los fracasos vienen por desistir. Lo inverso también es verdad: usted es el 90% del camino hacia sus metas desde el momento que se compromete al logro de ellas.

Su foco consciente está determinado por su intención subconsciente. Si está sinceramente enfocado en mejorar su posición en cierta área de la vida, descubrirá que comienza a prestarle atención a esa área. Como resultado, sus acciones subconscientes les permiten a los demás también ver su mejora inmediata. Cuando aquellos que usted dirige vean su cambio, sus acciones y comportamientos ofrecerán fuerte validez para su aceptación e interiorización del concepto de persona total.

Metas para las seis áreas, una revisión

Determinar dónde está parado en cada una de las seis áreas puede ser un proceso levemente doloroso, pero necesario si usted da dirección a sus sueños. El proceso, además, puede ser agradable a medida que usted realza y reconoce el éxito que ha logrado hasta ahora en cada área. Y obtener el conocimiento de uno mismo a través de esa clase de proceso de auto examen, también puede ser extremadamente estimulante; usted desarrolla un conocimiento bien equilibrado de quien realmente es hoy. Esta es una información valiosa a medida que explora la clase de individuo en que desea convertirse.

Todos somos tentados a seguir haciendo las cosas que mejor hacemos. Esto es porque todos poseemos las únicas fuerzas y habilidades que disfrutamos usar. Sin embargo, además, tenemos ciertos defectos y deficiencias que a menudo deseamos ignorar. Como líder sumamente efectivo, usted reconoce no solo esos talentos y habilidades que pone en exhibición, sino también la debilidad oculta que raramente piensa o admite. Si continúa ocultando sus deficiencias, ellas podrían sabotear sus esfuerzos de volverse un individuo equilibrado. Fundamentalmente, podrían afectar su éxito y el éxito de los que usted conduce.

Cuando usted está satisfecho con la revisión que ha creado, está listo para avanzar para establecer metas concretas en cada una de las seis áreas de la vida. Este proceso demanda que decida qué viene primero, segundo, tercero, y así sucesivamente. Sus propios valores servirán para guiarlo en la selección de aquellos ítems que tendrán prioridades máximas para usted.

Una vez que haya establecido las prioridades, probablemente será capaz de imaginar el resultado final de lograr las metas que ha establecido. Esta es una prueba crítica, porque sin una imagen mental clara, los resultados que obtiene probablemente serán empañados o distorsionados, como tomar una imagen con una cámara fuera de foco. *No hay forma de cumplir una meta clara a menos que comience con una imagen mental clara del resultado que la meta producirá.*

Criterios para la dirección de una meta

Como líder, ya conoce los beneficios que son suyos cuando se encamina hacia las metas. Pero desde que el establecimiento de metas es a menudo una práctica genérica, usted puede no ser consciente de que las metas que establece en cada área de la vida deben reunir cinco criterios, si pretende que sean verdaderas metas. Lo más factible es que sus metas sean deseos inciertos e informales, en cierto modo.

Primer criterio: las metas deben ser por escrito y específicas. William James nos dijo hace un siglo que debemos escribir los pensamientos con claridad y que ellos motivan la acción. Si se descubre incapaz de establecer una meta por escrito y de describirla en profundo detalle, entonces su pensamiento sobre la meta probablemente no se ha definido al punto de tener sutileza y una clara definición. Las metas confusas producen, cuando más, resultados confusos. Típicamente, ¡no producen ningún resultado!

Segundo criterio: las metas que establece deben ser sus propias metas personales. Por supuesto, nadie más puede establecer metas por usted porque nadie más tiene su propia visión particular de lo que debe ser cumplido. Ni alguien más tiene su propia personalidad, sus habilidades, sus necesidades o su potencial para el éxito. Buscar metas que otros han establecido para usted es equivalente a perseguir metas prestadas, y aunque ellas pueden ser positivas y productivas en sí mismas, nunca pueden generar los niveles de pasión, deseo y determinación requerida por usted o por alguien más para cumplirlas.

Sin embargo, cuando los miembros de su equipo logran una meta que han establecido para sí mismos, la ven como una victoria significativa porque la meta era personalmente significativa.

Tercer criterio: sus metas deben ser positivamente formuladas. ¡Mientras sea capaz de idear una imagen mental clara de usted cuando adopta alguna acción positiva, es imposible verse a sí mismo no haciendo nada! ¡Sus metas deben generar una imagen mental viva, una imagen donde se lo vea entrar en acción para lograrlas!

Usted puede haber notado que aquellos que dirige, a menudo establecen metas negativas. "No desperdiciaré el tiempo", dice una persona, mientras otras sostienen: "No llegaré tarde". Sus metas funcionarían mejor su usted ayudara a expresarlas en forma positiva: "Haré un uso productivo de mi tiempo" o "Llegaré al trabajo a tiempo".

Cuarto criterio: las metas deben ser realistas y accesibles. Esto no dice que las metas que establece en cualquier área de la vida deben ser comunes u ordinarias. Verdaderamente, una meta mediocre será de poca motivación para usted; una meta alta es usualmente más fácil de alcanzar que una meta baja. Una meta realista representa un objetivo hacia el cual está dispuesto y es capaz de trabajar.

La accesibilidad de una meta, por otro lado, es una pregunta mejor respondida por el único itinerario de la meta. Las metas a largo plazo a menudo poseen menos motivación que las metas a corto plazo. La clave para el cumplimiento de objetivos a largo plazo, entonces, es establecer pasos intermedios que lo mantendrán en rumbo y le darán confianza para continuar el viaje. Las metas a corto plazo, por otro lado, sirven para ensanchar su visión. Las metas que eran inimaginables solamente hace unos días, hoy entran en visión, y su nuevo punto panorámico le permite ver las oportunidades más grandes para expresar su potencial innato.

Quinto criterio: las metas que establece deben incluir cambios de personalidad. Esto no dice que cada meta que escribe debe requerir que personalmente cambie. En cambio, usted y los miembros de su equipo deben hacer los cambios de personalidad requeridos mientras planean el logro de objetivos específicos. Puede descubrir que los miembros de su equipo frecuentemente establecerán metas *para tener,* sin establecer metas *para convertirse.* Desgraciadamente, el proceso no funciona de esa manera.

Todos debemos establecer metas intangibles de conversión –de desarrollo de las características de personalidad requeridas– antes de poder establecer legítimamente metas de una naturaleza más tangible.

Pasos para convertirse en una persona total

El camino de la conversión hacia una persona total comienza con tres pasos muy importantes:

1) Determinar sus objetivos más importantes en cada área clave de la vida.

2) Planificar para el logro de los objetivos.

3) Poner diariamente su plan en acción.

1 – Determinar sus objetivos más importantes: Cada objetivo es una oportunidad para el mejoramiento personal y organizacional, una oportunidad de establecer y alcanzar metas desafiantes que ayudarán a asegurar el desarrollo apropiado y positivo de usted mismo y de los miembros de su equipo.

Esto implica asignar y revisar las fuerzas y las debilidades en cada área de la vida. Examine cuidadosamente sus fuerzas y compárelas con sus oportunidades de mejorar. Luego tómese un tiempo para hacerse otra pregunta: "¿Qué me gustaría ver suceder en esta área de mi vida?"

Luego, decida que viene segundo... y tercero... y cuarto. Nuevamente, no limite su imaginación al considerar el tiempo, esfuerzo o dinero requerido para hacer de su visión una realidad. Concéntrese en hacer una lista de metas tan larga como sea posible para cada área de la vida.

Escriba tantos ítems como pueda. ¡Puede ser capaz de anotar solo dos o tres ideas, o puede descubrir que su imaginación ofrece una provisión inagotable! Nuevamente, esfuércese por la cantidad de ítems en este punto. Cuando cree que ha desarrollado una lista completa, chequéela otra vez para confirmar que algunos de los ítems que ha escrito ofrecen la fuerza o el cumplimiento para algunas de las debilidades que ha identificado.

Una vez que esté satisfecho con la extensión de su lista, déle a cada ítem un toque de realidad: transfórmelo en una meta ELEGANTE, una meta que sea específica, mensurable, aceptable, realista y tangible. Esfuércese en presentar cada idea que ha escrito para que reúna el criterio de meta ELEGANTE.

Si un ítem no puede ser expuesto como una meta ELEGANTE, hay una razón fundamental. ¿Es ese ítem un mero deseo o una ilusión? ¿Ha definido su pensamiento respecto de la meta? ¿Cree que es algo inalcanzable?

Puede descubrir que el ítem por siempre será un deseo indefinido e incierto. O puede necesitar combatir algunos obstáculos mentales que le impiden ver su ilusión o deseo como una meta a ser cumplida.

Repita este proceso para cada una de las otras cinco áreas clave de la vida. Esto puede llevar algún tiempo, por lo tanto emplee el que necesite y evite la tentación de tirar el trabajo. Cuando haya comenzado su lista de metas para todas las seis áreas de la vida, nuevamente debe hacer que el poder de elección funcione para usted.

2 – Planificar para el logro: Para cada área clave de la vida, su lista de metas y oportunidades para mejorar puede ser bastante larga o puede contener solo un ítem. Pero lo más probable es que cada una de sus listas contenga varios items importantes. Cualquiera sea la extensión de su lista individual, necesitará priorizar los items, decidir qué viene primero, qué viene segundo, y así sucesivamente.

Los items que fueron previamente considerados críticamente importantes, pueden necesitar ser puestos detrás para permitir el cumplimiento de otro ítem crítico. Los líderes sumamente efectivos siguen el hábito de priorizar metas y objetivos, porque siempre saben lo que desean hacer después de que un ítem es cumplido.

3 – Poner en acción diariamente: A partir de la lista de metas priorizadas en las seis áreas de la vida, cree una lista de cosas que debe hacer hoy para progresar hacia el ítem superior en cada área. Los líderes exitosos se esfuerzan por emplear acciones determinadas y positivas cada día, para asegurarse que están progresando en el logro de metas y objetivos dignos.

Los pasos de acción que hoy debe dar pueden parecer pequeños o relativamente inconsecuentes. Esta no es una razón para inquietarse; a medida que avanza levemente cada día, desarrollará eventualmente cada área de la vida.

¿Cuáles serán sus pasos de acción hoy? Tal vez halle tiempo para comenzar a leer un artículo importante en una revista de administración. O puede desear leer las Escrituras, o visitar su iglesia o sinagoga. Puede querer tratar conceptos, ideas y eventos nuevos con los miembros de su equipo y con quienes lo rodean. Podría hacer que su asistente llame a un proveedor de equipos y solicite folletos de maquinaria nueva. Adicionalmente, puede querer pasar unos pocos minutos poniendo al día su chequera o revisando sus inversiones.

Cualquiera sean sus metas, lo importante es comenzar ahora. ¡Levántese y entre en acción! Los líderes sumamente efectivos hacen algo diariamente para que las metas y los sueños que aprecian se conviertan en realidad.

¿Adónde quiere ir?

Su elección de metas para cada una de las seis áreas de la vida debe ser únicamente personal y basada en su propio sistema de valores. Nadie más puede decidir qué metas personales debería perseguir; usted debe elegirlas. Evite angustiarse en la selección de sus metas; organice sus sueños y deseos, y construya sus metas a partir de esos elementos básicos. Si malgasta tiempo y potencial preguntándose sobre cómo hacer la elección "correcta" de una meta a perseguir; descubrirá que los miembros de su equipo malgastarán su tiempo y energía mental haciendo exactamente lo mismo.

Durante las últimas tres décadas nuestras compañías han visto a diez mil clientes establecer metas extraordinarias. Hemos hallado esto útil para suministrar a los líderes aspirantes una lista de metas ejemplo, no con la idea de que cualquier meta de la lista se volviera parte de sus metas personales, sino más bien para ayudar a nuestros clientes a comenzar el proceso de pensamiento necesario para crear objetivos significativos a seguir.

Aquí hay algunos ejemplos:

En el área financiera, sus metas podrían incluir:
- Ganar un ascenso a vicepresidente de la compañía.
- Comprar un auto familiar lujoso.
- Incrementar su ingreso un 10%.
- Actualizar su computadora personal.

En el área familiar, sus metas podrían incluir:
- Llevar a la familia de vacaciones a Hawaii.
- Mudarse a una casa más grande.
- Pasar más tiempo con sus hijos.
- Disfrutar un fin de semana con su esposa.

En el área física, las metas podrían ser:
- Aprender RCP

- Desarrollar un primer servicio consistente en tenis.
- Pesar no más de 80 kilos.
- Trabajar tres días a la semana.

En el área social, los objetivos podrían ser:
- Unirse a un grupo de debate de la comunidad.
- Unirse a un club de golf.
- Reunirse con los padres de los amigos de sus hijos.
- Tener una fiesta en su casa.

En el área mental, las metas podrían incluir:
- Leer un libro nuevo cada semana.
- Tomar un curso avanzado de computación.
- Suscribirse a revistas nuevas o a revistas de negocios.
- Dar clases de negocios a la comunidad.

En el área espiritual, podría establecer estas metas:
- Proveer un liderazgo espiritual consistente a su familia.
- Duplicar su contribución financiera voluntaria hacia su lugar de adoración.
- Desarrollar un código de ética práctica con los miembros de su equipo.
- Leer un capítulo de las Escrituras cada día.

Ciertas metas pueden fácilmente situarse en dos o tres áreas de la vida, no están confinadas solo a una. ¿Cómo sabe que una meta pertenece a un área en particular? ¡Usted elige ponerla allí! Así como nadie puede decirle qué metas establecer, nadie puede decirle si un objetivo particular es una meta espiritual o una meta mental. Ese auto nuevo, por ejemplo, podría ser una meta familiar o una meta financiera, o podría ser una meta social o mental. Usted elige dónde ubicar las metas que ha establecido, conforme a su propio sistema de valores y a sus propias definiciones de cada área de la vida.

Lo importante, por supuesto, es establecer metas en cada área, metas que lo ayudarán a desarrollar un sentido de dirección y el cumplimiento en cada área de la vida. No se angustie por la ubicación de los objetivos que ha establecido. Organícelos y comience a trabajar en el proceso de hacerlos suceder en su vida.

Nuevamente, los ítems en nuestra lista de metas son solo eso: ejemplos. No pretenden reemplazar su propia personalidad, sus propias necesidades ni su creatividad. Para inspirarlo y desafiarlo, las metas deben ser personalmente significativas para usted, no las tome prestadas de otra persona. Y a medida que da a conocer el concepto de persona total con los miembros de su equipo, asegura que las metas que ellos establecen son sus propias metas, no las suyas ni las de alguien más.

Prioridades para los líderes equilibrados

Hace décadas, las ferias y los carnavales usualmente exhibían un malabarista de platos, alguien que giraba platos chinos sostenidos por varas. A menudo estos malabaristas giraban cinco o seis platos a la vez, y podían mantenerlos a todos girando por horas. Por supuesto, aprendieron la difícil costumbre de no prestar demasiada atención a un plato; si lo hacían, los otros se caían y se rompían si eran descuidados.

Lo mismo sucede con su rueda de la vida. Si pone mucho énfasis en un área, se arriesga a disolver su duro trabajo y progreso en las otras áreas. Ser una persona total es un poco como ser malabarista de platos: debe enfocarse en todas las seis áreas a la vez.

Por supuesto, los líderes eficientes y efectivos pueden exitosamente perseguir varias metas a la vez, pero no pueden intentar cumplir todas las metas que han establecido simultáneamente. Al prepararse para el cumplimiento, digo, de seis a diez metas a la vez, usted puede asegurar que cada área de la vida esté bien representada. Además, puede asegurarse de que no dedica demasiado tiempo a una meta o área de la vida.

Similarmente, usted querrá enseñar esta técnica de equilibrio con los miembros de su equipo. Sin ella, ellos pueden tener sus vidas dirigidas por una meta, pero sus ruedas de la vida permanecerán fuera de equilibrio y fuera de control.

> "EL GOLF ES LA PARTE FÁCIL. LA PARTE DIFÍCIL ES TRATAR DE EQUILIBRAR SU VIDA."
> – TIGER WOODS

¿Qué meta elegirá para trabajar primero? La pregunta es contestada más fácilmente si examina su lista de metas en cada área de su vida. Seleccione sus primeras metas de acuerdo a su propio criterio personal: más importante, más fácil, más rápida de cumplir, y así sucesivamente. Solamente cuando do elija las metas iniciales de su lista y desarrolle planes por escrito para cumplir esos objetivos, puede entrar en acción, acción que contribuirá a convertirse en una persona total.

El líder como modelo

A medida que se embarca en el viaje para ser una persona total, descubrirá que da un paso significativo para el llenar el vacío de liderazgo. Eso es porque el proceso de persona total realmente realiza los cinco pilares del liderazgo efectivo. Los miembros de su equipo le responden en una forma nueva y más significativa, porque ven y sienten cambios en usted, que lo hacen más digno de emulación y respeto.

Especialmente el proceso de persona total produce una mejoría rápida en su propia imagen. A medida que hace, incluso, progresos mínimos en varias áreas de la vida, puede descubrir que está elogiándose a sí mismo, solo subconscientemente, por las mejoras que alcanza. Esa imagen mejorada conduce a acciones más confiadas de su parte, y su habilidad para inspirar confianza en aquellos que usted dirige, también crece.

Adicionalmente, usted desarrolla una nueva profundidad de auto seguridad, mientras que el establecimiento de metas y hacer planes en las distintas áreas, lo ayudan a profundizar su auto confianza. Incluso se vuelve más dispuesto a comprometerse con las decisiones que ha tomado, y emplea las acciones necesarias para convertir esas opciones en resultados definitivos.

Desarrollar una vida equilibrada también eleva su nivel de deseo e iniciativa. A medida que desarrolla metas y planes, usted construye un compromiso más apasionado con su futuro. Su disposición al cambio, a asumir riesgos apropiados, a escuchar nuevos conceptos e ideas, crece como resultado. La iniciativa más grande lo ayuda a emplear acciones determinadas para el logro de las metas que ha establecido.

> "EL CORAZÓN DEL HOMBRE TRAZA SU RUMBO, PERO SUS PASOS LOS DIRIGE EL SEÑOR"
> PROVERBIOS 16:9

El concepto de persona total inspira creatividad. ¡Claro está, que ningún ejercicio más grande en creatividad puede existir! Planear cada faceta de su vida demanda que usted piense "fuera de la caja". Establecer metas, por su naturaleza, lo fuerza a situaciones en las cuales no hay reglas fáciles ni muchos patrones establecidos a seguir. Debe entonces trazar su propio camino hacia el logro de sus metas, y su creatividad innata crecerá como resultado.

Volverse una persona total, además, lo ayuda a volverse increíblemente animado. Cuando se atreve a ser lo suficientemente creativo como para planear su propio destino, inevitablemente descubre que algunos planes funcionan, mientras que otros no. Más que interiorizar desilusiones y dudas, puede confiar en sus éxitos en las otras áreas para rebotar de los contratiempos y fracasos temporales. Debido a que su creatividad está en pleno florecimiento, puede descubrirse a sí mismo trazando nuevos caminos para sus metas, y nuevas soluciones para las dificultades que ha encontrado.

Realzar cada una de esas cualidades eleva su integridad y lo acerca más a un liderazgo efectivo. Aquellos que usted conduce lo verán como un modelo positivo y productivo, alguien que hace lo que dice. Consecuentemente, la disposición de ellos de seguir su dirección, se incrementa. Cuando usted les explica el concepto de persona total, ellos aceptan fácilmente su dirección porque quieren ser más como usted.

Hacer lo que es correcto

Convertirse en un mejor modelo es una clave integral para el liderazgo verdaderamente efectivo. Su integridad llama a la integridad de los miembros de su equipo, porque el esfuerzo que hace para mejorarse a sí mismo tiene una cualidad magnética. Esto incita a los que usted conduce, a hacer el mismo esfuerzo a favor de sí mismos. El resultado final: usted alienta, capacita y maneja a sus seguidores más fácilmente, a medida que ellos avanzan a través del proceso de convertirse en miembros de equipo comprometidos.

Si es tentado, por presión, fatiga o abandono mental leve, a comprometer, evitar, irse, abandonar o descartar un objetivo, recuerde que usted es el modelo que sus seguidores emularán. Elegir hacer lo que es correcto a menudo es más fácil cuando usted sabe que los demás están mirándolo.

En este caso, los miembros de su equipo hacen más que solo mirar: actuarán como usted actúa. Su pasión por la integridad y el cumplimiento lo motiva a hacer lo correcto.

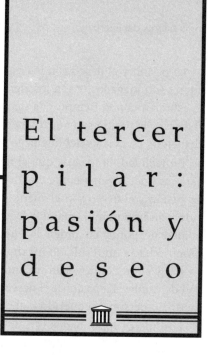

CAPÍTULO SEIS

El tercer
pilar:
pasión y
deseo

*L*os líderes verdaderamente exitosos saben que la clave para desplegar el potencial innato para el éxito radica en desarrollar un deseo apasionado por el perfeccionamiento de ese potencial en ellos mismos, y también en los miembros de su equipo.

Definidas y refinadas, las metas y los desafíos que usted acepta crearán naturalmente una pasión y un deseo por el éxito que no será denegado. Su deseo ardiente de logro, es la fuerza que lo motiva a hacer lo que sea para tener el trabajo hecho.

Cuando alguien logra una meta extraordinaria, a menudo decimos: "¡Ese un individuo apasionado!" Cuando alguien hace algo que parece no estar a la medida de los estándares normales de dedicación y compromiso, típicamente cuestionamos la pasión y el deseo del individuo por el éxito.

La pasión y el deseo son los estándares por los que los grandes líderes son juzgados, y son los elementos ausentes en aquellos que se esfuman con el tiempo y la marea de la fortuna. ¿Pero por qué el deseo y la pasión son tan altamente apreciados, y por qué son los elementos esenciales del liderazgo sumamente efectivos?

En realidad, la idea de que el deseo y la pasión son necesarios para los líderes sumamente efectivos, es una inmensa declaración. La pasión y el deseo son elementos esenciales para *cualquier* individuo sin importar el estatus o la altura, porque representan la habilidad de poner en orden la energía y el potencial humano, y dirigirlo hacia un resultado máximo y un beneficio más grande. La pasión y el deseo provocan un entusiasmo intrépido y una seguridad de rumbo. La pasión y el deseo nos permiten progresar, pese al sacrificio personal requerido o al desafío involucrado.

Los líderes apasionados ven su deseo de logro como una extensión esencial de quiénes son y de lo que hacen. Para un líder sumamente efectivo, la pasión y el deseo son las luces que señalan el camino hacia un éxito mayor. Juntos, brillan tan claros como balizas en el puerto oscuro de la incertidumbre, traen estimulación y entusiasmo interior a los que toman decisiones que afectan la vida de cientos y miles de personas. Estas dos emociones y actitudes básicas pueden, cuando son aplicadas apropiadamente, generar una máxima multiplicación de esfuerzo para los líderes efectivos y sus seguidores.

> "LA VIDA ES UNA AVENTURA OSADA O NO ES NADA."
> - HELEN KELLER

La naturaleza del deseo y la pasión

Los líderes sumamente efectivos saben que el talento crea sus propias oportunidades. El deseo y la pasión son, en un sentido real, los catalizadores y los desarrolladores de talentos. Se combinan para generar sus propias oportunidades y habilidades. Los líderes efectivos poseen una pasión que puede ser transmitida a los demás, mientras que el deseo puede ser aprendido y desarrollado como un hábito, una forma de vida o una elección deliberada de una filosofía de vida. Una vez arraigado en los miembros del equipo y en los líderes, la pasión y el deseo de lograr se vuelven la causa de nuevos hábitos, nuevas respuestas a la experiencia y nuevas habilidades.

Esto va más allá de ser una mera necesidad o deseo, compulsión o estimulación. Estos elementos del liderazgo efectivo representan una abrumadora demanda interior de cambio, un rechazo personal de las circunstancias en las que están y la disposición de realizar cualquier sacrificio, o soportar cualquier carga a fin de dar lugar a ese cambio.

Todo avance en la historia –en el pensamiento, en el gobierno, en la ética, en el arte, en la religión o en la ciencia– ha resultado de un simple deseo del individuo de cambiar el *statu quo*, de ganar una carrera contra el tiempo, contra la costumbre, la tradición o con uno mismo. Es porque la pasión y el deseo arden como una llama en el corazón de todo líder efectivo. El deseo es la diferencia importante entre ganar y perder.

Siete marcas del deseo y la pasión

1) El deseo y la pasión son dos cualidades que se combinan para transformar a ejecutivos y administradores comunes en líderes sumamente efectivos, energizados para seguir trabajando cuando los problemas motivan a los otros líderes a desistir.

2) Armados con deseo y pasión, los líderes sumamente efectivos se comprometen, mientras que los demás hacen promesas a media.

3) El deseo y la pasión equipan a los líderes sumamente efectivos con el juicio y el coraje para decir "sí" o "no" en el momento apropiado; los que carecen de deseo y pasión dicen "tal vez" en los momentos equivocados y por razones equivocadas.

4) El deseo y la pasión permiten a los líderes sumamente efectivos decir: "Estoy bien, pero no tan bien como debería estar y

como estaré". Los líderes que carecen de deseo y pasión dicen "No estoy peor que muchos de los demás".

5) El deseo y la pasión en los miembros del equipo traerán respeto por sus líderes; la falta de deseo y pasión solamente puede producir resentimiento.

6) El deseo y la pasión instalan en los líderes sumamente efectivos un fuerte sentido de responsabilidad personal por algo más que ellos mismos; aquellos sin deseo y pasión típicamente dicen "¿Qué tengo que ver en esto?"

7) El deseo y la pasión son cualidades para ser altamente apreciadas por toda persona que se vuelva un líder sumamente efectivo. El deseo y la pasión hacen al éxito más fácil de alcanzar, y realzan la motivación de avanzar en el viaje hacia la realización.

Los resultados del deseo y la pasión

Una vez interiorizados, la pasión y el deseo producen un cierto sentido de impaciencia y agresividad. Sin deseo y pasión, los líderes y las organizaciones están cansados, son apáticos y complacientes. Sea que el deseo y la pasión se hayan perdido por la propia satisfacción o la desilusión, la ausencia de esas cualidades revela un futuro de liderazgo árido. ¿Por qué? Porque un futuro sin deseo y pasión no promete nada mejor que lo que ha ofrecido en el pasado.

Los líderes sumamente efectivos que poseen pasión y un ardiente deseo pueden claramente diferenciar entre un compromiso maduro, con una meta y una ilusión adolescente. El deseo y la pasión son las cualidades ausentes en las personalidades de legiones de estudiantes y pensadores ansiosos. El deseo y la pasión se combinan para energizar a los líderes y a los seguidores que poseen apetitos insaciables de pensamiento creativo, de acción y de realización.

El desarrollo del deseo y la pasión implica un activo sentido de conocimiento de uno mismo. Cuando sabe quién es y reconoce las fuertes necesidades personales que claman por satisfacción desde lo más profundo de su ser, usted desarrolla un sentido casi abrumador de dirección y propósito personal. Se vuelve consciente de que está comprometido con un destino de su propia elección; está ansioso de encontrar y vencer los desafíos que conducen al cumplimiento de ese destino.

A pesar de su actual nivel de cumplimiento, pasión y deseo, pónganse a trabajar duro. Aquellos que carecen de deseo a menudo parecen estar demasiado ocupados para hacer lo que necesita ser hecho. El deseo y la intensa pasión por el logro, por otro lado, señalan el camino exactamente hacia lo que es importante. Esa es la razón por la que los líderes sumamente efectivos parecen saber instintivamente qué batallas pelear y cuándo y dónde comprometerse para que puedan moverse a compromisos más importantes.

Sin deseo y sin pasión, nada parece digno de esfuerzo. En ambos, líderes y miembros del equipo, la pasión y el deseo por la realización de metas organizacionales pueden producir una ansia universal de competición y éxito.

Verdaderamente, los líderes aspirantes a menudo están sorprendidos de aprender que la pasión y el deseo fuerzan a los miembros del equipo a analizarse a sí mismos, a mirar más de cerca sus propios talentos, habilidades y potencial para la realización. Los líderes que carecen de deseo y pasión tienden a desmentir este espíritu introspectivo y competitivo. Típicamente, idean una coartada para excusar la falta de aptitud de sí mismos y de los miembros de sus equipos. Otros descubren que han tenido éxito solo en nivelarse demasiado pronto; deben continuamente contentarse a sí mismos con menos que lo mejor.

Los líderes sumamente efectivos, por otro lado, declinan volverse fácilmente satisfechos con vidas y logros comunes.

Cinco pasos para desarrollar deseo y pasión

Para generar deseo y pasión, los líderes exitosos comprenden que deben desafiarse a sí mismos y a los miembros de sus equipos.

95

La manera como los individuos eligen reaccionar ante un desafío determina sus destinos. ¿Cuándo se desafía a usted mismo? Como un líder verdaderamente efectivo, usted reconoce que cada nuevo día trae consigo el desafío:

- De una nueva oportunidad.
- De mejorar los datos de ayer.
- De competir contra usted mismo.
- De crecer personalmente.

El deseo y la pasión con los cuales usted y los miembros de su equipo afrontan un desafío, son una parte esencial del alma de su organización. Sin ella, usted y su equipo carecen de guía espiritual y expresión creativa. Sin deseo y pasión, no hay intuición; perdida está la tranquila y la pequeña voz dentro de usted que provee discernimiento en ambos, situaciones y personas. Sin deseo y pasión, todos sus talentos y habilidades tienden a yacer descuidados e insensibles; su potencial está oculto, enterrado y latente.

Si ha permitido que desilusiones pasadas del liderazgo destruyan su pasión y deseo, puede reconstruir incluso las más grandes provisiones de estas cualidades esenciales. Aquí están los cinco pasos para reencender su deseo y pasión:

Primero, esfuércese en adquirir conocimiento de sí mismo. Examine su ser más interior. Conózcase, conozca sus habilidades, su potencial y sus necesidades. Sepa lo que lo estimula y lo energiza. Sepa qué lo motiva a proceder. Defina su pensamiento y sus objetivos y defina su propio sentido de valores personales, para que sepa exactamente qué cree de usted mismo, de la vida en general y de las demás personas. Solo con el adecuado conocimiento de sí mismo puede identificar las metas que producirán el desafío e interés suficiente para generar el deseo y la pasión que debe tener, si está buscando lograrlas.

Segundo, asegúrese de que las metas que establece, los objetivos que persigue y las recompensas que desea son personalmente significativos. Bastante a menudo los líderes y los miembros del equipo intentan emprender proyectos o carreras solo para complacer a sus padres, a la familia o a quienes admiran. En el proceso, niegan sus propias naturalezas y sus propias necesidades. Debido a que sus metas no son significativas personalmente, no experimentan un deseo interno de sobresalir. Viven sin rumbo, reúnen estándares mínimos en posiciones que desprecian, nunca alcanzan las alturas deslumbrantes a las cuales podrían, de otra manera, haber aspirado.

Tercero, trabaje para encontrar sabiduría y conocimiento en aquellos que están en una posición para aconsejarlo. Respete sus discernimientos, sus habilidades especiales y sus mayores años de experiencia. Estudie el consejo que ofrecen, pero siempre recuerde que es su responsabilidad tomar la decisión que determina el destino de usted y el de su equipo. Así como otros pueden cuidar de usted y desear lo mejor para usted, nadie más es capaz de ver en lo más íntimo de su corazón para comprender sus necesidades y deseos más profundos.

Cuarto, visualice su éxito. Nada incrementa el deseo y la pasión por el logro como una visualización controlada y dirigida. Algo único y asombroso sucede cuando examina el futuro para verse en posesión de sus metas: usted se vuelve tan estimulado, tan motivado, tan apasionado y deseoso de alcanzarlas, que nada puede disuadirlo o sacarlo del rumbo.

Quinto, esté dispuesto a trabajar más duro de lo que ha trabajado antes. Trabaje eficientemente. Trabaje largas horas. Trabaje complacientemente. Ninguna meta ejerce suficiente poder para producir deseo y pasión, a menos que esté dispuesto a invertir mucho de su tiempo y de su esfuerzo en sentir por ella un placer intenso. Cuando haya invertido una parte de sí mismo en la realización de algunos propósitos dignos, su deseo y pasión no conocen límites.

Cómo encender la pasión y el deseo en los demás

Los líderes sumamente efectivos no solo son capaces de recrear la pasión que sienten, sino que también son capaces de ayudar a los miembros de su equipo a experimentar el mismo gozo y la misma estimulación. La pasión y el deseo por el éxito, la realización y la contribución son actitudes y emociones semejantes a un entusiasmo bien dirigido. Ayudar a los miembros de su equipo a compartir el deseo apasionado que usted ya siente, es un ingrediente vital en el proceso de liderazgo y capacitará a su equipo para cumplir por lejos, más de lo que era previsiblemente posible.

La pasión y el deseo, como el entusiasmo, son algunas veces mal interpretados. Muchos líderes y administradores los confunden con la euforia de las masas desplegada en eventos deportivos y convenciones políticas. Pero un deseo y una pasión real y duraderos no surgen de una animación temporaria o de una estimulación externa.

La pasión y el deseo, cuidadosamente desarrollados y apropiadamente usados, actúan como disparadores emocionales. Esencialmente, la pasión y el deseo son técnicas de manejo de la emoción; ellos le permiten a usted y a los miembros de su equipo controlar el clima emocional en virtualmente cualquier situación. Y mientras es críticamente importante que los aspirantes a líderes y administradores posean el infinito poder de entusiasmo apasionado, es vital apoyar también a los trabajadores y miembros del equipo.

Como un líder sumamente efectivo, su éxito personal depende de la inspiración, el fomento, el cultivo y la dirección del deseo y la pasión de los miembros de su organización. La pasión y el deseo de ellos –como los suyos– son desarrollados a través de una combinación de actitudes y experiencias personales. Los hábitos de pensamiento y las lecciones aprendidas por experiencia pueden contribuir en gran manera al desarrollo o a la destrucción de la pasión genuina.

Los líderes verdaderamente exitosos saben que la clase de esfuerzo que produce deseo y pasión incluye: trabajar para aprender habilidades, desarrollar rasgos de personalidad, y adquirir las actitudes y los hábitos requeridos para lograr una meta especifica o el propósito principal de la organización. Los líderes sumamente efectivos transmiten esa sabiduría a los miembros de su equipo porque saben que el conocimiento y la experiencia vienen solamente de ser activo en el área de confrontación. Para desarrollar pasión, los miembros del equipo deben estar *involucrados* en el proceso de realización.

Para alentar el deseo y la pasión en los miembros de su equipo, recuérdeles enfocarse en desarrollos personales positivos. Específicamente:

- Los líderes no deberían lamentar su falta de conocimiento. *En cambio, pueden estudiar y aprender.*
- Los líderes no deberían quejarse por no tener experiencia. *En cambio, deben comenzar a trabajar en un plan de acción para adquirir la experiencia necesaria.*
- Los líderes no deberían preocuparse cuando su primer esfuerzo parece producir solo errores. *En cambio, deben decidir intentar nuevamente, y cometer menos errores cada día.*
- Los líderes no deberían lamentar la falta de oportunidad. *¡Las oportunidades abundan!*
- Los líderes no deberían desesperarse porque carecen de los rasgos de personalidad para el éxito. *¡Esos rasgos y esas cualidades pueden ser desarrollados!*

Los líderes verdaderos saben que si ellos y los miembros de su equipo son renuentes a trabajar para lograr metas organizacionales, carecerán de pasión y deseo. Por otra parte, cuando los miembros del equipo y los líderes se ponen a trabajar, la pasión y el deseo vienen rápidamente.

Los líderes sumamente efectivos y los miembros de su equipo aprenderán a darle la bienvenida a las adversidades de la vida. Cada uno de nosotros sabremos que somos un éxito real cuando podamos afrontar las pruebas de la vida, confrontar sus dificultades, toparnos con los obstáculos y aun encontrar el coraje para continuar. Idealmente, ambos, líderes y seguidores, deberían considerar el fracaso como una oportunidad de aprendizaje, una oportunidad para probarlo nuevamente y acercarse al objetivo en el próximo intento.

En el análisis final, el deseo y la pasión le permiten a usted y a los miembros de su equipo tolerar errores, contratiempos, fracasos y adversidades, ¡y rebotar! Si usted nunca comete un error o nunca experimenta un fracaso, es probablemente un indicio de que no está moviéndose con algún grado de seguridad o con algún sentido de dirección. Probablemente ha fracasado en definir su pensamiento y en desarrollar planes de realización. No ha probado sus límites porque no sabe dónde esos límites están.

Esté dispuesto a arriesgarse a fracasar y a cometer errores. Cada vez que se atreva públicamente a afrontar la adversidad y la dificultad, confróntelos, atrévase a entrar en acción. Así estará extendiendo su capacidad un poco más. Por supuesto, sufrirá algunas frustraciones, pero de cada una, usted y los miembros de su equipo aprenderán algo nuevo y útil. Debido a que usted se acerca un poco más hacia su meta con cada osadía, el deseo y la pasión crecen y lo consumen.

Evaluando el deseo y la pasión

¿Cómo saben los líderes eficientes y efectivos cuándo han construidos la clase de deseo y pasión que los sostendrá en el logro de sus objetivos? La evidencia está cuando los miembros del equipo tienen un deseo ardiente de alcanzar las metas del equipo, una pasión por lograr el propósito de la organización y un impulso abrumador de ayudar al equipo a alcanzar todo su potencial.

Un joven una vez se acercó al sabio filósofo Sócrates y le preguntó cómo adquirir mayor sabiduría. Sócrates lo llevó al río y sostuvo la cabeza del joven bajo el agua, hasta que casi se ahogó. Cuando finalmente lo soltó, Sócrates le preguntó: "¿Qué estabas pensando mientras tu cabeza estaba bajo el agua? ¿Qué deseabas?"

"Aire" –dijo el joven apasionadamente– "¡quería aire!"

Sócrates le dijo: "Cuándo quieras sabiduría tan deseosamente como querías aire, hallarás sabiduría".

Los líderes destacados pueden distinguir rápidamente la pasión, el deseo real del pensamiento y las ilusiones ansiosas, si se formulan a sí mismos y a sus seguidores preguntas como estas:

- ¿Cuáles son los obstáculos que debemos superar para alcanzar todas las metas que deseamos?
- ¿Qué debemos ceder en tiempo y esfuerzo para superar esos obstáculos y obtener lo que deseamos?
- ¿Cuáles son las recompensas que tendremos cuando hayamos tenido éxito?
- ¿Son las recompensas merecedoras de lo que nos costará en tiempo y esfuerzo?

Si usted y su equipo responden la última pregunta con un resonante "Sí", entonces puede apostar que ese deseo y esa pasión son genuinos. Usted y su equipo estarán dispuestos a hacer el trabajo, consumir el esfuerzo e invertir el tiempo requerido para lograr las metas de su organización. También estará dispuesto a recomendar continuamente a los miembros de su equipo a que hagan un compromiso similar de tiempo, esfuerzo y energía. Comprométase a emplear la acción necesaria, y su deseo y pasión lo sostendrán.

A medida que el deseo apasionado se vuelve una parte intrínseca de su camino de vida, este comienza, de forma extraña e inexplicable, a usar cada circunstancia, cada contacto y cada experiencia como un medio para hacer realidad el objeto de su deseo. El deseo y la pasión no conocen la palabra imposible, no aceptan tal realidad como fracaso.

Armado con pasión y deseo, usted literalmente se vuelve un imán del éxito. La ley de atracción está libre para trabajar por usted. Comience a atraer hacia usted y hacia su equipo cualquier cosa que necesite para ser exitoso. Su entusiasmo electrifica a toda persona que se pone en contacto con usted. El deseo y la pasión se combinan para darle la energía y la determinación extra para tomar a quién sea y lo qué sea que necesite para cumplir la tarea.

Los líderes sumamente efectivos han descubierto que el deseo y la pasión ardientes emergen cuando comienzan a abrigar grandes pensamientos, grandes conceptos y grandes metas. Cuando usted atrapa una visión de grandeza y define su pensamiento sobre las metas que quiere perseguir, el deseo y la pasión resplandecen en una llama eterna que lo calienta, lo energiza y le da poder.

Pasión, deseo y liderazgo provechoso

Es verdad, volverse un líder exitoso requiere mucho de usted. En ninguna otra parte es más evidente que en el desarrollo de la pasión y el deseo. Su intenso esfuerzo es requerido para mantener la fuerza conductora de toda pasión, y usted es fundamentalmente responsable por el cumplimiento de su deseo. Pero el resultado final de su esfuerzo puede ser un éxito estelar. Desarrollando el deseo y la pasión necesaria para el liderazgo efectivo, usted puede crear una colección deslumbrante de oportunidades para sostener su actitud, su éxito personal, el éxito de su organización, de los miembros de su equipo y también de sus colegas.

¿Cuáles son esas oportunidades para el logro?

<u>Primero</u>, usted y su organización tienen la oportunidad de proveer un producto o servicio que beneficia a los demás y mejora la calidad de sus vidas.

<u>Segundo</u>, tiene la oportunidad de disponer de un ingreso ganado honestamente que suplirá las necesidades de su familia y dejará algo de dinero para lujos y placeres.

<u>Tercero</u>, como un líder sumamente efectivo, usted tiene la oportunidad de ocupar una posición de prominencia que le brinda

aceptación y respeto por parte de los miembros de su equipo, colegas y amigos.

Cuarto, tiene la oportunidad de sentirse completo y realizado cuando ha ayudado a los miembros de su equipo a enfocar sus deseos y a usar más de sus potenciales innatos, para el éxito y la realización.

Quinto, tiene la oportunidad de hallar una profunda satisfacción al afrontar los problemas desafiantes, tratando con cambios de marcha rápida y superando los obstáculos de desaliento, a medida que se esfuerza por alcanzar las metas personales y profesionales que se ha establecido.

Sexto, tiene la oportunidad de experimentar la realización especial que viene de desempeñar una parte significativa del éxito total de su organización.

Séptimo, tiene la oportunidad de disfrutar un espíritu especial de orgullo de equipo cuando se da cuenta que sus esfuerzos –y los esfuerzos de los miembros de su equipo– han ayudado a ganar a su organización el nivel de éxito que esta legítimamente merece.

Octavo, tiene la oportunidad de experimentar incluso un gran sentimiento de orgullo y cumplimiento, cuando los esfuerzos de su organización prestan un servicio significativo y sin límites a su comunidad y a la sociedad.

Comprometerse con un estándar

Los líderes sumamente exitosos usan su pasión y deseo como un trampolín para impulsarse a sí mismos y a los miembros de su equipo a niveles más altos de excelencia. Los equipos vibrantes y exitosos *requieren* un liderazgo apasionado y conducido por deseos. La organización entera genera una pasión y un deseo internos por el éxito, se esfuerzan por conseguir una visión, una misión y un propósito más grande que ella misma.

Volverse un líder efectivo y apasionado significa decidir usar su potencial para el éxito y el logro –y el potencial innato de los miembros de su equipo– como una fuerza para producir una contribución que valga la pena, y mejoras continuas. Así como ya ha experimentado los desafíos interminables y las oportunidades inherentes al crecimiento personal, el liderazgo sumamente efectivo le da una oportunidad única de mantener su integridad personal y profesional mientras contribuye sustancialmente en las vidas de las demás personas.

> "ES PROBABLEMENTE LA PASIÓN MÁS QUE CUALQUIER OTRA COSA LA QUE SEPARA A LA A DE LA B."
> - JACK WELCH

Los líderes sumamente efectivos guían su organización a través de un laberinto de desafíos, cambios y elecciones. Sus pasiones y deseos son una fuente constante de energía, inspiración y dirección. Pero la pasión y el deseo sinceros siempre están sujetos a comprobación: para lograr el máximo de grado de productividad del equipo; el liderazgo sumamente efectivo y el deseo apasionado deben ser tan evidentes para los miembros del equipo como los son para los líderes que profesan practicarlo.

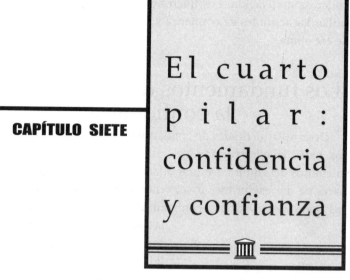

El cuarto
p i l a r :
confidencia
y confianza

CAPÍTULO SIETE

*L*os grandes líderes están donde están y son lo que son a causa de los pensamientos dominantes que ocupan sus mentes, ni más ni menos. La confianza y la fe en sus propias habilidades para innovar, desarrollar, perseverar y tener éxito son los ingredientes clave en el viaje al éxito de todo individuo sumamente efectivo.

Pero el liderazgo de otros implica una aplicación más amplia de confidencia y confianza, mientras que ambas actitudes clave deben ser extendidas para rodear y dar poder a aquellos que contribuyen al éxito total de la organización.

En forma similar, los líderes sumamente efectivos descansan en la confianza y en la confidencia propia, pero desarrollar y transmitir esa confidencia a los demás miembros del equipo puede ser un desafío. ¿Por qué? Porque desarrollar confidencia de equipo y confidencia en el equipo requiere la creación de un clima único y de poderosa motivación. Los líderes exitosos se esfuerzan para desarrollar las actitudes de confianza y poder que son los fundamentos de ese clima.

Los fundamentos de la confianza y la confidencia

Desarrollar *actitudes* de confianza y poder son los primeros pasos hacia la construcción de confidencia y confianza entre los miembros del equipo. Desgraciadamente, muchos líderes son incapaces de dar ese primer paso, y tampoco dan la suficiente "libertad" para desarrollar una confidencia y una confianza adecuada en las personas que manejan. Otros son capaces de delegar responsabilidad, pero dejan de proveer la autoridad necesaria para llevar a cabo la asignación. Los líderes más efectivos, por el contrario, siempre están buscando formas de realzar la capacidad, la credibilidad y el potencial de los miembros del equipo, y al hacerlo demuestran que la confianza y la confidencia son una parte integral de lo que hacen.

> "ESTE PUEDE SER UN MUNDO SISTEMATIZADO, PERO LA CONFIANZA VIRTUAL ES UNA ILUSIÓN. LA CONFIANZA SE DESARROLLA CUANDO LOGRAMOS CONOCERNOS UNOS A OTROS. NO HAY SUSTITUTO PARA EL TIEMPO EMPLEADO CARA A CARA CON LAS PERSONAS."
> - *JAMES M. KOUZES & BARRY Z. POSNER*

Adecuarse a las actitudes de confianza y confidencia no es un proceso fácil para mucho líderes. Las personas que comienzan o que manejan un negocio en crecimiento, siempre son forzadas, primero, a hacer casi todo ellas mismas. Simplemente porque no hay nadie más para ayudar. Pero finalmente llega el día en el que ese individuo no posee el tiempo ni la energía para hacer todo. A través del desarrollo de la confianza y la confidencia en los miembros de su equipo, los líderes efectivos pueden multiplicar sus propios esfuerzos una y otra vez.

Muchos líderes confunden el desarrollo de confidencia y confianza con la rutina práctica de delegación, piensan que los líderes que se enfocan en la confidencia y la confianza no delegarán ni llegarán muy lejos, pero eso no podría estar más alejado de la realidad. Los líderes efectivos permiten que la confianza y la confidencia los hagan más capaces de delegar.

Y si algo es lo suficientemente importante para usted que siente que debe confiar en alguien para cumplirlo, también es suficientemente importante requerir su inspección y seguimiento. ¿Hacer la "inspección de lo que espera" funciona para anular la confianza y la confidencia?

No del todo, asumiendo que usted controla el *resultado* más que a los miembros del equipo. A través del desarrollo de su propia confianza y confidencia, los miembros de su equipo desarrollan su propio sentido de iniciativa y responsabilidad personal. La pasión por el trabajo se incrementa también, y el respeto hacia usted crece porque les ha demostrado que tiene fe y confidencia en el potencial y la habilidad de ellos.

Los miembros del equipo que merecen y demandan su confianza y confidencia típicamente operan hacia la misma clase de objetivos claros que usted ha creado para usted y para la organización. Esos objetivos son oportunidades para los miembros del equipo. Ofrecen un desafío estimulante y un cambio para hacer una contribución valiosa al esfuerzo total.

Como un líder sumamente efectivo, usted puede expresar confidencia genuina y confianza implícita en cada habilidad de cada miembro del equipo para desempeñarse exitosamente. Puede incluso ofrecer enseñar un proceso o procedimiento particular antes de continuar gradualmente con el trabajo. De esta manera, la confianza y la confidencia trabajan juntas para permitir a los líderes sumamente efectivos dar a los miembros del equipo la responsabilidad de la realización de un objetivo importante.

Poder y niveles de confianza

Cuando usted desarrolle su rol de liderazgo, haga todo el esfuerzo para ofrecer confianza a cada miembro de su organización. La confianza es la clave para el poder personal; si usted la niega, impide que la habilidad del individuo crezca y se desarrolle personalmente. Si tiene una legión de miembros de equipo esperando hacer algo hasta que usted les dé las instrucciones explícitas, pierde a la vez su tiempo y el potencial del equipo.

La confianza y la confidencia, por otro lado, dan poder a los miembros del equipo para buscar su dirección o aprobación, y luego proceder con la tarea. Su habilidad para comunicar objetivos y definir asignaciones, acoplada con su inspección del trabajo y un rudimentario sistema de seguimiento, seguirá un largo camino para ayudar a los miembros del equipo a entrar en acción y reportarle rutinariamente sus resultados.

Los mejores líderes desarrollan confianza en los miembros de su equipo al aprovechar las mejores actitudes y valores de cada individuo. Esta es la clave para fomentar compromiso y responsabilidad en un equipo dirigido por metas. La manera en que los miembros de su equipo ven su trabajo, produce un impacto significativo en la productividad a largo plazo y le ofrece un estímulo importante sobre sus habilidades para desempeñar sus expectativas.

Los líderes confidentes pueden alzar su nivel de confianza si adoptan actitudes apropiadas para la productividad organizacional. Pensar y hablar en términos de "nosotros", no solo de "mí" o "yo", es un buen comienzo. Los líderes efectivos deberían también reconocer que los errores son simplemente parte del proceso de aprendizaje, y que no tienen nada que ver con el valor, el mérito o el potencial de responsabilidad de los miembros del equipo. Realmente, los líderes que reconocen que los miembros del equipo aprenden a través de los errores y la repetición, a menudo reemplazan la palabra "fracaso" con palabras como "experiencias" o "pruebas".

Además, los líderes más exitosos están siempre disponibles para los miembros de su equipo. Los líderes efectivos ofrecen crédito para contribuciones a los éxitos organizacionales, y ayudan a idear formas para impedir que los problemas vuelvan a suceder. La buena voluntad de los líderes para confiar en los miembros de su equipo, envía un mensaje importante: "Haga lo que sea para tener el trabajo hecho. ¡Confío en que usted tiene el talento para tener éxito!"

Muchos líderes efectivos no siempre confían en que toda tarea será completada a la perfección de manera oportuna, pero siempre confían en todos los miembros del equipo para desarrollar y usar más de su único potencial para la realización.

Cómo desarrollar el potencial de los miembros del equipo

Si los líderes están para desarrollar los niveles propios de confianza y confidencia de los miembros de su equipo, es esencial entender cómo los miembros de su equipo crecen personalmente. El crecimiento y el desarrollo personal es más que el mero proceso de aprendizaje; implica la expresión de nuevos conocimientos y habilidades en la investigación para alcanzar una meta que valga la pena.

Mientras los miembros de su equipo pueden expresar el conocimiento adquirido en diferentes formas, el proceso de acumular y expresar nuevos conceptos e ideas es bastante íntegro y se aplica virtualmente a cada miembro de su organización. Expresado simplemente, los individuos absorben la información nueva, la asimilan para ajustarla a sus propias preconcepciones y la expresan en una forma que llena sus propias necesidades, y también las del equipo.

Esto significa que el conocimiento, el comportamiento, las actitudes y los valores son todos adquiridos a través del proceso que describimos hace años como "ósmosis mental". Por supuesto, las personas no nacen con actitudes específicas o arraigadas. En cambio, esos hábitos de pensamiento son causados, creados e instalados por fuerzas externas. Desde el momento del nacimiento, todos nos ajustamos al proceso de adquirir información, relacionamos esa información con nuestro ambiente, y expresamos conceptos e ideas recién conocidas a los que nos rodean. Como consecuencia de la información que absorbemos, desarrollamos y cambiamos nuestras actitudes y nuestros comportamientos.

En la adultez, nuestras actitudes –hacia la vida, hacia el trabajo y hacia los demás– han formado nuestros valores, los cuales son los estándares por los que juzgamos a las personas y a los acontecimientos que nos rodean. Y, ahora que alcanzamos la adultez, nuestro comportamiento es controlado en gran manera por el hábito. De hecho, casi toda la actividad adulta diaria es desempeñada por el hábito.

Si los líderes a todo nivel desean desarrollar un nivel alto de confidencia y confianza en las actitudes y en los hábitos de trabajo de los miembros de su equipo, deben:

- Ofrecer ideas e información nuevas y personalmente significativas.
- Ayudar a los miembros del equipo a relacionar esos conceptos nuevos a sus propias situaciones.
- Trabajar con los miembros del equipo para desarrollar hábitos y actitudes nuevos que incorporen las ideas nuevas.

¿Cómo deciden los miembros del equipo qué información absorber y retener? ¿Cómo determinan a qué le pondrán atención? El conocimiento y la inteligencia son adquiridos a través de un proceso que comprende la curiosidad y el interés. Los chicos pequeños están fascinados virtualmente por todo; adquieren conocimiento e información de una modo fenomenal, pero la curiosidad disminuye a medida que atraviesan los primeros años del proceso educacional. Finalmente, se vuelve difícil –si no imposible– interesar a una persona joven en algún asunto dado. Es porque su curiosidad en gran manera ha sido destruida por la necesidad de ajustarse a los estándares de la sociedad a la que están intentando integrarse.

Esta necesidad de conformarse también ayuda a formar y a determinar comportamientos adultos en el mundo del trabajo. El comportamiento es la inclinación recurrente a reaccionar en una cierta forma cada vez que se topa con una circunstancia o una situación particular. Los individuos a menudo permiten que los comportamientos antiguos limiten su progreso, simplemente porque su comportamiento es cómodo o no se dan cuenta de la naturaleza limitante de la forma en que actúan.

Cualquiera que haya trabajado con adolescentes casi ha debido aceptar el impulso de conformarse. Pocos líderes jóvenes de un equipo o de una clase pueden influenciar admirablemente a sus pares hacia la realización. Si crean una presión positiva y rechazan la necesidad de conformarse, los líderes en todo nivel pueden generar un ambiente más estimulante y desafiante.

Si la necesidad de conformarse es demasiado fuerte, los individuos no pueden crecer. Si no es lo suficientemente fuerte, el caos reina en lugar del orden. Para establecer la correcta necesidad de conformarse, los líderes sumamente efectivos ofrecen actitudes, valores y comportamientos nuevos y fácilmente asimilables.

El poder de la formación de la actitud

Al igual que los comportamientos inculcados, las actitudes son hábitos, hábitos de pensamiento. Son formadas de la misma manera que los hábitos de comportamiento o acción. Cuando un tipo o patrón particular de pensamiento le da alguna clase de satisfacción mental, usted lo repite. Eventualmente, se vuelve un hábito de pensamiento, una actitud.

Las actitudes son pensamientos que, a través de la repetición y el proceso de visualización, se han inculcado en la mente del individuo que las sostiene. Mientras los comportamientos –hábitos de acción– son usualmente formados al probar varios cursos de acción y luego al elegir el más satisfactorio, las actitudes tienden a requerir fundamentos más positivos.

Todos probamos los hábitos de pensamiento al asociarnos mentalmente con las experiencias pasadas. En situaciones similares somos capaces de recordar el pensamiento casi cuando lo queramos, y repetirlo una y otra vez.

Las actitudes son formadas y reposan sobre un fundamento de valores. Nuestros valores determinan a qué le prestamos atención y dictan nuestros hábitos de pensamiento. *Es difícil –si no imposible– cambiar las actitudes de alguien sin primero reestructurar los valores que son los bloques esenciales en la construcción de esas nuevas actitudes.* Los preconceptos y las experiencias de la infancia contribuyen a la formación de valores. Las actitudes están entonces estrechamente ligadas a los valores que son las raíces más profundas de nuestro ser. Desarraigar antiguos valores en un esfuerzo por "cambiar" por valores más apropiados, requiere que primero proclamemos el condicionamiento fundamental. Pero a menos que los nuevos condicionamientos reemplacen a los antiguos, los valores serán típicamente los mismos.

Por décadas, los líderes han esperado que los miembros del equipo mágicamente desarrollen sistemas de valores congruentes con los de ellos. Los líderes y administradores han tratado de generar nuevas actitudes a través de los esfuerzos para educar a los seguidores y cambiar sus comportamientos. El vital eslabón perdido –los valores– ha sido en gran manera ignorado.

La razón es simple: muchos líderes han sido entrenados para buscar que las personas reaccionen. Al modificar la manera en que algunas personas actúan dentro del marco organizacional, o al modificar el marco organizacional mismo, esperan modificar el sistema de valores del individuo. ¡Pero aunque el comportamiento puede ser alterado, los valores y los hábitos de pensamiento resultantes, típicamente son los mismos! Hasta que los valores centrales sean cambiados, las actitudes permanecen en gran manera inflexibles. En el análisis final, el cambio a largo plazo realmente nunca toma lugar.

Los líderes más exitosos son capaces de gestionar cambios de valores al ayudar a los miembros de su equipo a desarrollar condicionamientos y actitudes nuevas y más positivas respecto de sí mismos, de sus colegas, de la organización, de los objetivos del equipo y de la sociedad en general. Este nuevo condicionamiento, una vez inculcado, construye el sistema de valores alterados que produce y estimula la auto motivación y otros hábitos productivos de pensamiento. Los valores inevitablemente cambian a medida que las actitudes y los condicionamientos son transformados.

La transformación más significante toma lugar a medida que los miembros del equipo adquieren una imagen de sí mismos más positiva. Esa imagen es recreada muchas veces a través del desarrollo de la confianza y la confidencia, y es donde el poder se origina para causar cambios positivos a largo plazo.

Las dinámicas del desarrollo personal

Entender cómo los miembros de su equipo crecen y se perfeccionan hace relucir algo llamado "resultados continuos". Pero simplemente, lo continuo sirve como modelo para cualquier cumplimiento. Así como las actitudes no pueden ser alteradas sin primero cambiar los valores fundamentales, los resultados que todos buscamos dependen de una acción especifica, la que es conducida por los hábitos de pensamiento, y los hábitos de pensamiento son generados por un informe específico.

De hecho, cualquier resultado comienza con la misma clase de comentario. La curiosidad es despertada, el conocimiento es compartido, y algo debe atravesar el proceso mental antes de que cualquier resultado viable pueda ser producido. Esto significa que el comentario debe incitar algo en la imaginación o en el espíritu que haga que el mecanismo de pensamiento consciente entre en juego.

El comentario viene desde el interior y del exterior. En la mayoría de las situaciones laborales, el comentario está dirigido al individuo de parte del resto del equipo o de alguien en una posición de liderazgo. Los líderes también requieren comentarios, pero típicamente tienen muy pocas personas para ofrecerlo. Eso significa que los líderes probablemente tienden a crear más comentarios mentales sobre sí mismos, puesto que estos no vienen de alguien más. Al igual que el desarrollo de los comportamientos y actitudes, todo individuo produce algunos de sus comentarios mentales.

Sin embargo, adquirir la habilidad para producir su propio comentario y bloquear el comentario negativo de los demás puede llevar tiempo y práctica. ¡Usted pudo haber descubierto esta verdad fundamental por sí mismo!

¿Comentarios positivos o negativos?

El comentario ideal, desde la perspectiva de un líder exitoso, gira alrededor de metas y objetivos que contribuyen al desarrollo de cada miembro del equipo. Los líderes efectivos se esfuerzan por asegurar que la mayoría de los comentarios que ofrecen se enfoquen en lo que es conducente para el desarrollo de metas en varias áreas de la vida.

Desgraciadamente, muchos líderes están, a menudo por necesidad, demasiado enfocados en resultados inmediatos y en metas a corto plazo. Como resultado, ofrecen informes que tratan casi exclusivamente de la modificación del comportamiento y de la información orientada hacia las habilidades. Cualquier comentario real que trate a los miembros del equipo personalmente, es escaso aun en el mejor de los casos, y está totalmente ausente en el peor.

Esto es porque muchos líderes y administradores se han vuelto susceptibles a los comentarios negativos de las demás personas. Esa tendencia demuestra por sí misma la forma en que ellos tratan a los miembros de su equipo. Los líderes sumamente efectivos, por otro lado, reacondicionan sus vidas y sus actitudes para volverse perceptivos a los comentarios positivos de las demás personas. Esas dos definiciones simples fundamentan la importancia del enfoque, y la actitud.

Si los líderes efectivos están para construir organizaciones efectivas, primero deben aceptar el hecho de que la construcción de habilidades y el comentario orientado hacia las tareas, producirán cambios mayormente superficiales y resultados casi no sustantivos.

Los líderes exitosos, entonces, se esfuerzan por cambios a largo plazo al proporcionar comentarios que ayudarán a los miembros del equipo a continuar desarrollándose y creciendo personalmente.

Los comentarios producen pensamientos conscientes, y el pensamiento es el bloque de construcción básico de las acciones y los resultados. Rara vez sucede algo sin el pensamiento consciente. Por supuesto, todos hemos oído historias de hazañas heroicas desempeñadas sin que el héroe haya pensado demasiado en la tarea. De alguien que roba el automóvil de una persona lesionada difícilmente se puede esperar que haya pensado el proceso de antemano. Realmente, en tales circunstancias, pensar por adelantado la tarea le anularía al individuo, probablemente, la habilidad de desempeñarla.

Tales ocurrencias son raras excepciones. En casi todas las situaciones, el pensamiento consciente es requerido antes de que la acción pueda tomar lugar. Y así como la inversión precede al dividendo, la acción es la precursora de los resultados.

Obtener los resultados

La acción es el elemento requerido en los resultados continuos, nada sucede sin ella. Es completamente posible para cualquier persona recibir un comentario y generar pensamientos sin tomar acción sobre el pensamiento. En la dirección y el manejo de personas, usted puede realmente ver que esto sucede diariamente.

Para generar acción y producir un resultado apropiado, los comentarios y los pensamientos deben ser suficientes para hacer saltar al individuo fuera del letargo que es el producto natural de la inactividad mental o física. Una ley de física viene a jugar aquí: el cuerpo o la mente en reposo tiende a permanecer en reposo. A menos que los comentarios y el proceso de pensamiento trabajen juntos para incitar al individuo a la acción, el resultado nunca es generado.

¿Eso significa que el resultado no debería ser considerado el comienzo y el final de todo proceso de realización? La respuesta es sí y no. El resultado es importante porque nada sucede hasta que algún resultado es producido, pero el proceso de generar el resultado puede darle a los líderes el discernimiento poderoso de lo que es requerido para los procesos de realización y de perfeccionamiento de sí mismos. El beneficio real de los continuos resultados es enseñarnos los pasos que debemos dar antes de tener el derecho legítimo de esperar resultados específicos.

Necesidades infinitas, recursos infinitos

En organizaciones comunes, las necesidades engendran necesidades. En organizaciones sumamente efectivas, las necesidades suplen necesidades si alistan el potencial destapado de los miembros del equipo. Superficialmente, sin embargo, esto parece paradójico en el mejor de los casos. ¿Cómo puede una necesidad, un deseo o un anhelo realmente servir para suplir otra necesidad?

La respuesta radica en el deseo de las personas de ser más de lo que son, y en el esfuerzo de los individuos de su equipo para contribuir a sus metas individuales y a los objetivos totales de la organización.

Piense por un momento sobre cómo las necesidades engendran necesidades en una organización común. La necesidad de más espacio de oficina genera la necesidad de más capital en expansión. La necesidad de capital en expansión engendra la necesidad de venta de productos adicionales. La necesidad de venta de más productos provoca la necesidad de más producción. La necesidad de más producción alienta la necesidad de más trabajadores eficientes y efectivos. Las necesidades dan origen a otras necesidades en un círculo de progreso, crecimiento y cambio, algo de nunca acabar.

Pero los líderes efectivos reconocen que los recursos son infinitos. Los trabajadores, en un esfuerzo por suplir sus necesidades y las necesidades del equipo, tienen el potencial para incrementar sus producciones. Los vendedores tienen la habilidad de incrementar sus ventas. Después de todo, tienen más productos para vender. Las ventas incrementadas producen un excedente de capital en expansión, y algo de ese dinero puede entonces ser usado para desarrollar un espacio de oficina adicional. El proceso continúa, simplemente porque pensamos desde la perspectiva del exceso abundante, en vez de hacer hincapié en limitación tras limitación.

Esta actitud critica –el hábito de pensamiento de "no limitaciones"– es un bloque de construcción esencial para los líderes sumamente efectivos. Los líderes que dirigen con una expectativa de limitación, siempre fracasarán porque las necesidades que crean y explayan solo generan necesidades adicionales. Si su compañía está endeudada, por ejemplo, enfocar sus pensamientos en la deuda solamente lo hará sentir más tenso. Hacer hincapié en lo negativo, en los fracasos y en la carencia, nunca mejorará la situación que enfrenta; se requiere un hábito de pensamiento diferente.

Los líderes que se manejan con confianza en sí mismos y en los miembros de sus equipos, confianza de no limitaciones, descubrirán que las necesidades que socorren llegan realmente a suplir otras necesidades. El proceso va desde una cadena de distracción y desagrado a una de satisfacción y prosperidad, siempre en expansión. Enfocarse en las posibilidades es llamado "posibilidad de pensamiento", y permite a los líderes usar una necesidad para señalar el camino a las soluciones. Esta es la esencia del liderazgo dirigido por las necesidades.

Ver la naturaleza positiva de las necesidades y suplirlas, puede bien ser la prueba fundamental del liderazgo efectivo. Pocos líderes y administradores comunes pueden ver las necesidades de sus organizaciones en nada, sino en una ambivalente o leve luz negativa. Su visión miope está inducida por la presión de producir y abastecer ellos mismos las necesidades.

Los líderes sumamente efectivos, por otro lado, trabajan para transmitir la expectativa positiva de las necesidades al suplir necesidades a cada miembro de su equipo. Una filosofía penetrante de que la necesidad suple la necesidad define claramente y fortalece inmensurablemente las actitudes y los valores de una organización efectiva.

¿Qué necesidades de los miembros del equipo puede suplir una organización efectiva? En el área de la vida familiar y del hogar, el equipo puede ofrecer soporte, consejo y camaradería. Para metas que tengan que ver con las finanzas y lo profesional, la organización ofrece la oportunidad de avanzar en rango y posición, y crecer financieramente. En el área de la vida espiritual y ética, los miembros de la organización pueden proveer confort y una afinidad de espíritu con individuos de igual mentalidad. Social y culturalmente, los miembros del equipo pueden proveer amigos, compañeros e individuos con quienes compartir algunos de los placeres de la vida. En el área mental y educacional, la organización provee oportunidades para aprender y crecer, incluso para adquirir una nueva habilidad. Para metas en el área física y de salud, la organización puede ofrecer alguna clase de programa de cuidado de la salud o seguro, y los líderes comprometidos pueden ayudarlos en sus búsquedas para cumplir las desafiantes metas físicas.

Está claro decir que los equipos y las organizaciones que no apoyan las metas personales de sus miembros, generan necesidades insatisfechas entre aquellos individuos. Esta es la razón central de por qué los ambientes de trabajo continúan deteriorándose. Hasta que los líderes se tomen el tiempo para volverse íntegros y para establecer la apariencia de una organización efectiva, las necesidades seguirán insatisfechas. El resultado final, por supuesto, es más de lo que nos hemos vuelto acostumbrados a ver en el lugar de trabajo: el deterioro continuo de nuestra empresa, de nuestra comunidad y de la sociedad.

Desarrollar el equipo sumamente efectivo

Usted es un líder efectivo cuando ha desarrollado exitosamente un equipo efectivo, un grupo de seguidores compuesto por individuos que, como usted, están activamente persiguiendo objetivos en todas las áreas de la vida. Construir un equipo efectivo le llevará tiempo. Cuánto tiempo le llevará dependerá en gran manera de cuántos miembros usted dirija, cuán rápidamente pueda desarrollar su propia confianza y confidencia, y cuán intensivo decida hacer el proceso de crecimiento personal y la realización organizacional.

¿Cuándo el equipo efectivo cruza la línea para volverse una organización efectiva? Realmente hay tres respuestas a esa pregunta:

Primero, una organización efectiva es desarrollada por equipos de trabajo efectivos (¡Note la forma plural!). Cada equipo dentro de la organización debe estar compuesto por individuos que estén comprometidos con el crecimiento personal, y también con el crecimiento de la organización.

Segundo, un equipo efectivo se vuelve una organización efectiva cuando los miembros del equipo comienzan a restituir algo a la comunidad que comparten y habitan. Cada comunidad tiene necesidades específicas e inmediatas, necesidades que pueden ser suplidas por los miembros del equipo efectivo. Los equipos efectivos están integrados con miembros de la organización que tienen una necesidad de contribuir, una necesidad que es usualmente suplida por la restitución. Su equipo efectivo cruza la línea hacia un estatus de organización comprometida, cuando sus miembros comienzan a contribuir con algo para los demás, para las organizaciones de la comunidad y para el bienestar común.

Tercero, una organización efectiva nace cuando los miembros de los equipos efectivos están lo suficientemente convencidos de la validez del liderazgo, de modo de estar dispuestos a declarar abiertamente su confianza, respeto y admiración por los líderes efectivos. Eso no significa que los miembros de su equipo deben reverenciar el suelo sobre el cual usted camina. Lejos de eso. Todos tenemos pies de barro –ninguno de nosotros es perfecto– pero su búsqueda para volverse un líder exitoso es increíblemente superficial y probablemente menos que genuina si los miembros de su equipo no pueden llegar a respetarlo y admirarlo por su buena disposición para perseguir los objetivos en todas las áreas de la vida.

Si cree que nada puede darle esa clase de apreciación y buen nombre entre aquellos que dirige, está vendiéndose a sí mismo de manera escasa. Hasta ahora, los miembros de su equipo pueden no haber expresado aquellas cualidades porque no creían que usted estaba sinceramente interesado en su bienestar y progreso, o que usted tuviera confianza y confidencia en sus habilidades para tener éxito. En el proceso de convertirse un líder sumamente efectivo, su fe y confianza recorren un largo camino hacia la destrucción de esa actitud.

En busca de confianza, confidencia y credibilidad

Si desea llenar el vacío de liderazgo en forma efectiva y reconoce que solo puede hacerlo a través de la confidencia en sí mismo y de la confianza en las habilidades de los miembros de su equipo, entonces su camino está establecido. Volverse un líder confidente y confiable lleva tiempo, porque aprender a tener confidencia y confianza en uno mismo y en los demás no es un proceso rápido. En la gratificación instantánea, en el mundo moderno, usted puede sentir que desarrollar confidencia en los miembros de su equipo es una tarea que puede ser postergada.

Desgraciadamente, esto no funciona de esa manera. Usted no puede proponerse ayudar a los demás a escalar el pináculo del éxito personal y del equipo, si no está dispuesto a desarrollar sus propias habilidades para confiar en ellos. Su esfuerzo para transformar a los demás sin trasformase usted, es equivalente a regresar a un lugar donde nunca ha estado. Probablemente usted será exitoso solo en destruir el poco liderazgo confidente y confiado por el que ha trabajado duro. Los miembros de su equipo perderán la credibilidad en usted, en su integridad, en su habilidad para dirigirlos efectivamente hacia la gran realización.

El liderazgo confidente y confiado no es una moda administrativa, es una forma de vida. Puede llevarle cientos de días... o miles... pero debe esforzarse para hacer de la confianza y la confidencia en los demás, una parte integral de su personalidad antes de que pueda inspirarlas o requerirlas en alguien más.

¡Recuerde a Espartaco!

¿Puede usted estar a la altura de los estándares de un líder digno? Hay una forma de averiguarlo: puede esforzarse para emular a alguien que indudablemente era un líder confiado, confidente y digno. ¡De hecho, podría ser demostrado que los seguidores de Espartaco murieron para probar su *estatus* de liderazgo!

Tal vez usted conozca la historia de Espartaco. De joven, fue líder de una banda de ladrones; ¡difícilmente una ocupación apropiada para un líder sumamente efectivo! Él y sus seguidores sufrieron la desgracia de ser capturados y vendidos a un entrenador de gladiadores. En el año 73 aC, Espartaco se escapó y llevó con él cerca de setenta seguidores. Se ocultaron en el cráter del volcán Vesubio, y una muchedumbre de esclavos fugitivos se unió a la banda.

Espartaco se volvió el líder de una gran insurrección de esclavos romanos, y él y su banda eventualmente tomaron el control del sur de Italia. Roma enviaba ejército tras ejército contra él, pero Espartaco derrotaba a las legiones. Su interés por sus seguidores fue el objeto de la leyenda: estaba peleando por una mejor vida para todos ellos. Pero no pudo.

> "CONFÍE EN LOS HOMBRES Y ELLOS SERÁN LEALES CON USTED. CONFÍE EN ELLOS AMPLIAMENTE Y ELLOS SE MOSTRARÁN GRANDES."

En el año 71 aC, dos años después de que la rebelión comenzara, el emperador romano Marco Licinio Craso decidió aplastar la insurrección, y Espartaco fue asesinado en la última gran batalla.

Pero los romanos no sabían que Espartaco estaba muerto, creían que el líder esclavo estaba todavía con vida y oculto entre sus seguidores.

Sin excepción, todo seguidor de Espartaco adquirió el manto de su líder caído. En respuesta al intenso cuestionamiento romano, cada esclavo precursor orgullosamente proclamaba: "¡Soy Espartaco!" Los romanos no tenían forma de saber quién entre cientos de esclavos estaba diciendo la verdad y quién podría ser Espartaco. Frustrados y enfurecidos, crucificaron a todos.

¿Qué pasaría si los romanos golpean hoy su puerta? ¿Cómo responderían sus seguidores? ¿Lo traicionarían a usted y a su misión? ¿O lo respetarían lo suficiente y creerían en su causa lo bastante para arriesgar algo de ellos mismos en su nombre?

Cuando usted pueda tener sincera confianza y confidencia de que sus seguidores harían, sin vacilar, un sacrificio personal en su nombre, sabrá que el cuarto pilar –confidencia y confianza– en su puente de liderazgo, está firmemente plantado en una roca que no será movida.

Usted está bien en su camino si está dispuesto a construir un puente de liderazgo que soporte la prueba del tiempo.

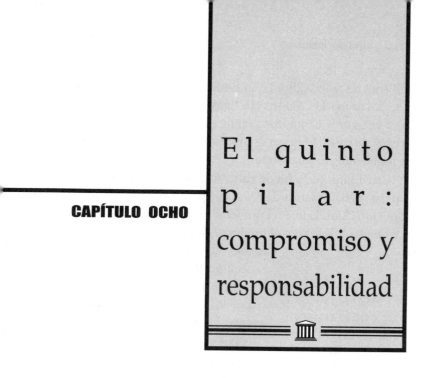

CAPÍTULO OCHO

El quinto pilar: compromiso y responsabilidad

*A*quí hay una fórmula simple que puede eliminar el 90% de todos los fracasos que usted y los miembros de su equipo experimentan: *¡No desistir!* Desistir es la razón número uno de por qué las personas fracasan en su deseo de alcanzar un objetivo particular o en cumplir una meta significativa.

Desgraciadamente, los individuos de su equipo que abandonan o desisten de intentar son, típicamente, tan capaces de tener éxito como usted o como cualquier otra persona. Carecen de unas pocas actitudes importantes de éxito que pueden realmente ser cultivadas y adquiridas rápida y fácilmente.

¿Cuánto lo quiere?

La razón por la que la mayoría de los individuos abandonan antes de alcanzar una meta, es porque nunca tuvieron un anhelo ardiente de tener éxito. La intensidad de ese deseo, en gran medida, determina los límites efectivos del potencial de un individuo para el logro. Cuánto más grande es el deseo, más grande es el potencial de éxito. El deseo es un novio celoso; no deja lugar para los pensamientos de abandono.

Usted sabe que a fin de cultivar el deseo en los miembros de su equipo, debe construir sobre el primer pilar del liderazgo: el pensamiento claro. Este es el primer elemento esencial del deseo. A no ser que las metas sean el producto de un pensamiento claro, es demasiado fácil para los miembros de un equipo desistir a la primera insinuación de problemas. El deseo intenso no puede ser generado, a menos que las metas hayan sido claramente definidas.

> "CUANDO ALGUIEN ME DICE QUE NO PUEDO HACER ALGO, NO LO ESCUCHO MÁS."
> - *FLORENCE JOYNER*

Por supuesto, las metas confusas carecen del foco agudo que le permite a usted y a los miembros de su equipo concentrar su total atención y energía en la realización de ellas. Una concentración desenfocada no hace a alguien eficiente en un número de áreas diferentes; en cambio, sirve para añadir un elemento de confusión mental. El resultado inevitable es un poder personal diluido y disipado, y una dispersión impensada de energía personal.

Incluso, los líderes que tienen un inmenso deseo de ser un gran líder, pueden descubrirse abandonando si carecen de compromiso (el compromiso es definido: *es hecho*). El compromiso enfoca al ser íntegro de cualquier líder en la meta que debe ser cumplida, y es la medida de la disposición de los miembros de su equipo para seguir trabajando hacia metas especificas, a pesar de las dificultades que pudieran enfrentar.

En una forma, la tecnología moderna ha hecho de nosotros unos cómodos pasivos, pues nos enseñó a esperar que todo esté instantáneamente disponible. Comida instantánea, bebidas instantáneas, dinero inmediato, créditos rápidos, lo queremos todo "al toque". Debido a que nos hemos acostumbrado a la pronta gratificación, muchos nos desconcertamos si ese patrón de gratificación inmediato cambia.

Esta es la razón central detrás de la disposición de muchas personas –tal vez de algunos de los miembros de su propio equipo– para abandonar a la primera señal de dificultad o demora. Desgraciadamente, los líderes efectivos saben que las metas importantes no pueden ser cumplidas inmediatamente. Ellas requieren:

- Tiempo.
- Planificación.
- Esfuerzo.
- Dedicación.

Desistir rápidamente es la peor tragedia posible. Los líderes en todo nivel deben entender que no pueden permitir la falta de paciencia, la falta de persistencia o la falta de compromiso a ser responsables por la ausencia del logro de una meta u objetivo importante.

La realidad de la situación es esta: donde sea que encuentre una dificultad o un problema en la prosecución de una meta, usted es libre para seguir trabajando hacia el objetivo, o desistir. Los miembros de su equipo, ya sea que se den cuenta o no, tienen las mismas opciones. Los que quieren ser exitosos –verdaderos ganadores entre sus colegas– nunca abandonan la meta, sin importar lo que suceda. Ellos continuarán con la tarea, permanecerán fieles a sus propósitos, sin importar cuánto trabajo o cuántas penas implique, y a pesar de lo que los miembros de otros equipos puedan decir, pensar o hacer.

Los cuatro elementos de la persistencia

El deseo de tener éxito y el compromiso para alcanzar metas significativas se combinan para crear persistencia. La persistencia hace la diferencia entre ganar y perder, entre éxito y fracaso, y está compuerta de estos cuatro elementos clave:

Elemento N° 1: la determinación pura, es la opción de abandonar, desistir o ser derrotado. La determinación es resultado de la confidencia creada por metas especificas y por escrito. Los individuos que carecen de un entendimiento detallado de hacia dónde quieren ir y de por qué quieren ir allí, nunca sentirán seguridad sobre sus metas. ¡Debido a que han fracasado al definir su pensamiento, nunca saben realmente si las metas que han elegido son correctas! Armados con un plan de acción claro y conciso, los líderes efectivos y los miembros del equipo sienten la seguridad necesaria de mejorar. Saben que sus esfuerzos al final valdrán generosamente la pena.

Elemento N° 2: la paciencia para seguir gustosamente el trabajo, la tarea o la meta, a pesar de los contratiempos temporarios y de las dificultades. Las personas maduras usualmente están dispuestas a trabajar en el cambio para una recompensa futura. Ese es por qué muchos líderes y miembros de equipo son capaces de trabajar hacia una meta importante por un gran período. Reciben su satisfacción presente –la recompensa mental que los motiva a seguir– a través de la anticipación de la recompensa actual que persiguen. En un sentido muy real, la persistencia *requiere* paciencia.

Los líderes que han definido su pensamiento y desarrollado planes por escrito para el logro de sus metas, descubren que la persistencia es una consecuencia natural del proceso de planeamiento. Eso es porque ninguna meta, sin importar cuán masiva o minuciosa sea, puede ser cumplida en la realidad antes de haber sido cumplida mentalmente.

Elemento N° 3: un sentido justificable de orgullo por usar más de su completo potencial para el éxito. Por supuesto, esta clase de orgullo es inconexa a la arrogancia jactanciosa desplegada, a menudo, por los que sustituyen palabras por acciones. Para usted y los miembros de su equipo, el orgullo por ganar es evidenciado por su tranquila satisfacción interna, al saber que cada uno de ustedes ha contribuido con el mejor esfuerzo posible, y que el logro resultante es significativo y valioso.

Elemento N° 4: una disposición a asumir los riesgos apropiados a fin de asegurar el logro de una meta. A pesar de sus mejores esfuerzos por definir sus pensamientos y desarrollar un plan para el éxito, no siempre es posible predecir con seguridad el resultado final de un curso de acción particular. Una disposición a asumir riesgos apropiados es evidenciada por los líderes y los miembros del equipo, que aplican la imaginación y la ingenuidad al idear nuevas soluciones para los problemas desafiantes.

Los líderes triunfantes y los miembros de sus equipos poseen el coraje necesario para probar previamente soluciones no experimentadas. A los que les gusta "manipular lo seguro", están indudablemente perdiéndose las oportunidades de avanzar hacia sus metas.

El desarrollo de la persistencia –como cualquier otra cualidad del éxito– es un poco como volverse un alcohólico. Tomar muchos tragos distintos puede eventualmente producir una adicción al alcohol, que parece imposible de romper. Así como el alcohólico debe tomar otro trago, alguien que ha probado el vino del éxito una vez, debe probarlo otra vez... y otra vez... y otra vez. Los pensamientos y las acciones exitosas son tan adictivos como los aspectos más negativos de nuestra sociedad.

La persistencia se vuelve un hábito de pensamiento a través de la continua práctica de las actitudes y comportamientos que conducen al éxito. Con la suficiente repetición, la actitud de persistencia se vuelve casi automática. Los que han adquirido una actitud persistente en esta forma, parecen nunca pensar en abandonar. De algún modo, siguen haciendo... y haciendo hasta que la meta particular haya sido cumplida.

En el análisis final, la persistencia nace de un pensamiento claro, es construida sobre planes detallados para el logro de las metas, está apoyado por el deseo y la confidencia, y fundada en el compromiso.

Hallar la utilidad de la adversidad

Muchos líderes y seguidores se encorvan rápidamente bajo la furia de la adversidad. Carecen del verdadero poder de permanencia, aunque posean un potencial enorme y sueños desafiantes. Los líderes exitosos y los miembros de su equipo, por otro lado, están agradecidos por la adversidad, porque en cada adversidad está la semilla del más grande o al menos equivalente beneficio.

Los líderes efectivos cuentan con la adversidad para recordar lo mejor que hay dentro de ellos. Cuando enfrenta la adversidad, decidido a conquistarla y vencerla, está literalmente forzado a usar más potencial para lograrlo. Usa su viva imaginación y desarrolla nuevas estrategias para superar los problemas y alcanzar su meta. Sus esfuerzos se intensifican porque comienza a ejercitar un nivel más grande de iniciativa personal. La adversidad es el acto de revelación fundamental: le revela la profundidad completa de su potencial, la fuerza completa de su poder y el amplio espectro de sus talentos y habilidades

La adversidad, la dificultad y la frustración temporaria, son piedras de tropiezo disfrazadas, piedras de tropiezo para el éxito y el logro más grande. Los problemas o los contratiempos hacen que los líderes reaccionen de formas nuevas y diferentes. Esos individuos, además, crecen personalmente en una proporción más rápida de lo que podrían crecer si estuvieran en circunstancias más sencillas. Los mejores líderes entre nosotros están sinceramente agradecidos por los obstáculos que sirven para probar sus propios compromisos, y el de los miembros de su equipo, y por las dificultades que demandan lo mejor de cada miembro de la organización.

Un plan de resolución de problemas

Todos los líderes enfrentan dificultades y, en algún momento, todos se desalientan. En vez de abandonar, desarrollan un plan para manejar el problema. Primero, escriba una lista de cuatro o cinco razones de por qué usted está agradecido por haber tenido el problema. ¡Por supuesto, esto requiere algún grado de persistencia, porque pensar cinco razones para estar agradecido por una adversidad no siempre es fácil!

Su lista podría incluir razones como estas:

- Estoy agradecido porque que no enfrenté este obstáculo hace cinco años, cuando no tenía tanto conocimiento ni experiencia como tengo ahora.

- Estoy agradecido por haber descubierto esta dificultad en un tiempo amplio de trabajo, para poder corregir el problema antes de que pudiera causar daños irreparables.

- Estoy contento por haber construido, durante los últimos años, relaciones de confianza y respeto con muchos de los miembros de mi equipo en nuestra organización; y soy consciente de que puedo acudir a ellos en busca de esfuerzo y consejo en esta situación desafiante.

- Estoy agradecido porque la creatividad que uso y el esfuerzo que consumo en el proceso de superar este obstáculo, demostrará a mis colegas y a los miembros del equipo que soy la clase de individuo que puede ayudarlos a desarrollar y a usar más de su propio potencial para la realización.

Cuando examina su lista, usted puede ser golpeado por el pensamiento de que todo obstáculo o dificultad realmente posee un beneficio que podría perderse si no trabaja en el problema. Su lista de razones se vuelve una evidencia objetiva de beneficio personal. El desafío emocionante ante usted es la tarea de descubrir el mejor camino a su alrededor, a través o al otro lado del obstáculo con el que se ha topado.

Los que nunca han luchado con dificultades nunca pueden conocer el completo gozo del éxito. En cualquier nivel de liderazgo, la verdadera emoción del éxito viene de darse cuenta que por su propia persistencia y esfuerzo, usted ha advertido o eludido fracasos.

Por supuesto, usted y los miembros de su equipo son completamente libres para elegir cómo reaccionarán ante la adversidad. Puede permitir que la dificultad lo derrote, o puede ver los obstáculos como oportunidades para usar más de su potencial colectivo.

Los líderes verdaderamente grandes rechazan firmemente las adversidades extremas de pensadores negativos que señalan la posibilidad de error, que ofrecen desaliento continuo o que dudan del potencial del liderazgo efectivo. Los grandes líderes escuchan, en cambio, su voz de confidencia y determinación interior. Generan esa voz interior en busca de formas de cumplir sus metas, y no excusas para desistir.

Coraje para soñar

Los líderes efectivos comprenden que las cualidades como la imaginación, la creatividad y el potencial para el éxito, se vuelven útiles solo cuando son puestas a trabajar para cumplir una meta significativa. Una parte integral de este proceso de actualización implica aprender a soñar, a usar la imaginación y el poder creativo en formas que producirán metas específicas para ellos y para los miembros de su equipo.

Pero requiere coraje soñar. En el momento que genera una idea creativa, usted se vuelve una minoría. Está parado solo hasta que los demás puedan ser persuadidos a unirse a la prosecución de su sueño. Incluso después usted será el único individuo que tenga una singular profundidad de credibilidad y compromiso con el sueño.

LOS LÍDERES TIENEN LA RESPONSABILIDAD DE DAR A CONOCER LA NECESIDAD DE SOÑAR CON LOS MIEMBROS DEL EQUIPO, QUIENES PUEDEN CARECER DE CORAJE PARA VISUALIZAR EL LOGRO MÁS GRANDE.

Para muchos miembros de equipo, la habilidad de soñar puede haber sido completamente destruida por experiencias negativas del pasado.

Durante la niñez, el proceso de condicionamiento roba mucha de nuestra habilidad para soñar. Los maestros y los padres pronuncian advertencias severas para dejar de soñar despiertos y ponerse a trabajar; el niño entonces infiere que cualquier intento de visualizar o definir el futuro es en algún modo un esfuerzo perdido. De igual manera, muchos de los miembros de su equipo pueden haber adquirido la creencia de que anhelar algo –por alguna razón– es de algún modo egoísta e injusto.

La triste consecuencia de esas experiencias de la infancia es el gran porcentaje de adultos que han perdido su habilidad para soñar. Antes de que los líderes y los miembros del equipo puedan alcanzar el nivel de éxito que desean y merecen, deben primero quitarse la noción de que el sueño y el anhelo son un esfuerzo perdido o un deseo egoísta.

Pero descartar esas antiguas creencias, sea en el ambiente familiar o en el mundo del trabajo, no siempre es fácil. Esa es la razón por la que los miembros del equipo deberían ser alentados a usar su creatividad, sin importar cuán dañada o latente esta pueda estar. Cada miembro de su organización merece poseer sus sueños si están dispuestos a seguirlos y a trabajar diligentemente para convertirlos en realidad. El éxito personal no está reservado para la elite de liderazgo; todo el mundo merece disfrutarlo. Pero el éxito comienza con el sueño, y soñar requiere coraje.

Coraje para enfrentarse a uno mismo

Algunos líderes procuran encontrar el coraje para soñar e imaginar, pero carecen de la fortaleza mental para "enfrentarse a sí mismos", reconocer sus propias debilidades, sacar sus propias fuerzas, y analizar dónde están parados hoy en relación hacia dónde quieren ir. Todos tenemos elementos de la personalidad o hábitos personales con los que no estamos completamente complacidos. Por supuesto, se tiende a negar que esas características de la personalidad o rasgos personales aun existen, pero tal proceso solo conduce a la propia satisfacción. Sin el coraje para enfrentarse a uno mismo, todo sus sueños se destiñen en fantasías sin sentido; nada de ellos acontecerá.

Como líder, usted debe ejercitar el coraje necesario para hacer una tasación favorable de sus propios recursos personales. Esa tasación debería pintar una imagen realista de dónde usted está parado hoy con relación a su propio viaje personal y profesional. Mientras no pueda estar completamente satisfecho con lo que aprende de usted mismo, no puede darse el lujo de sentirse desalentado.

Las fortalezas y las debilidades que ha desarrollado a esta altura en su viaje personal, están completamente inconexas de su dignidad como ser humano o de su potencial de liderazgo sumamente efectivo. *Su tasación es la información de su crecimiento pasado, no de su potencial futuro.* Muchos líderes nunca han concedido una gran cantidad de pensamiento al proceso de conocimiento y examinación de uno mismo; el asunto puede vagamente incomodarlos. Por supuesto, las situaciones nuevas o desconocidas siempre son un poco temerosas, pero el conocimiento de uno mismo es una herramienta que le permite a los líderes y a los miembros del equipo tomar control de su futuro, orientar su propio destino.

Coraje para comenzar

Como usted sabe, la ley básica de física establece que un cuerpo en reposo tiende a permanecer en reposo. Esta ley es responsable por un hecho de liderazgo simple: **¡la cualidad más crucial para alcanzar el éxito para usted y su organización es el coraje para comenzar!**

Se requiere más poder para despegar un aeroplano que para mantenerlo en funcionamiento. Más fuerza es requerida para cambiar la dirección que para seguir una línea recta. Esta ley también funciona en su organización. ¡Si usted y los miembros de su equipo están sentados esperando que su barco proverbial venga, encontrarán increíblemente fácil permanecer sentados allí! Las circunstancias nunca detendrán los sueños en su falda. Cuánto más tiempo se siente y espere, más dinamita será requerida para hacerlo saltar a usted y a su organización hacia una acción productiva.

Vencer la inercia requiere una cantidad más grande de energía y coraje. Una vez que usted y su organización están en movimiento, otra ley de física funciona a su favor: un cuerpo en movimiento tiende a permanecer en movimiento. Un ímpetu cabal lo ayudará a seguir en movimiento.

Coraje para arriesgar

Sin riesgo, ningún líder puede volverse verdaderamente grande. ¿Por qué? Porque ningún proceso real puede ser logrado, ningún producto nuevo creado y ninguna innovación nueva defendida sin algún grado de riesgo. Y sin coraje, los líderes no asumen riesgos.

El sentimiento de seguridad es una necesidad humana básica. En su más amplio sentido, la seguridad y la protección pueden ser amenazados por casi cualquier desviación de la norma presente. Si su sueño es introducir una nueva línea de productos, los riesgos a su seguridad son un poco obvios. Aunque probablemente usted no esté en algún riesgo físico, existe el peligro de que la nueva línea de productos pueda no ser exitosa. La perdida de ingreso y de capital de inversión podría generar dificultades financieras; no obstante, su organización, sus amigos y colegas pueden llamarlo temerario, y su banquero puede incluso negarse a respaldarlo con los recursos financieros necesitados.

Ciertamente, alcanzar las estrellas es un negocio peligroso, pero su fracaso al asumir esos riesgos establece un riesgo aun más peligroso: la posibilidad de que usted y su equipo pierdan la oportunidad de cumplir sueños, de desarrollar potencial y habilidad, y de cumplir las metas que mejor expresan el cumplimiento de su propósito.

El origen del coraje de liderazgo

Cómo usted responde a los desafíos y a las decisiones que enfrenta no es solo una cuestión de su elección personal, es el momento determinante de su experiencia de liderazgo. Cualquier líder puede refugiarse en el temor; solamente los líderes más efectivos pueden instintivamente avanzar con coraje, convicción y determinación.

La elección está para que usted la haga. Eso no está diciendo que la elección sea fácil. Para el líder efectivo, el coraje para hacer la elección proviene del interior profundo. Los líderes que poseen coraje, además poseen las cualidades necesarias para ayudarse a sí mismos y a los miembros de su equipo para ser más de lo que son.

Entre los líderes, ninguna opción es más difícil que decidir actuar con coraje y convicción. Pero una vez que los líderes se ponen a actuar con coraje en un área simple de la vida o en un aspecto de su rol de negocios, se vuelve progresivamente más fácil actuar con coraje en otras áreas y en otras situaciones.

Desgraciadamente, los líderes deben darse cuenta que nadie puede tener coraje por ellos. Los líderes efectivos eligen *conscientemente* el coraje como una opción. Como líder, usted abre nuevos caminos a sus objetivos cuando elige actuar con coraje. Descubre nuevas profundidades de recursos y potencial dentro de usted y de los miembros de su equipo.

¡La responsabilidad termina aquí!

La placa sobre el escritorio del presidente Harry Truman decía: "¡La responsabilidad termina aquí!" Él entendía que sostenía el peso de las decisiones importantes. Hoy, virtualmente todo líder carga algún elemento de responsabilidad por los resultados. El peso que usted sostiene puede no ser tan grande como el que sostenía Truman, pero aún se aplica el mismo significado. Como líder, usted es la parte responsable. Para las iniciativas usted diseña o confirma; para las políticas y procedimientos usted desarrolla o implementa, y para los proyectos usted inspecciona o defiende. La responsabilidad termina con usted.

Acepte el hecho de que nada –*absolutamente nada*– de lo que haga en su organización producirá los resultados exitosos que desea, hasta que usted como líder elija aceptar la responsabilidad personal por lo que le sucede a usted y a sus colegas.

El juego de la culpa

Lamentablemente, muchas personas están acostumbradas a culpar a los demás por sus propias faltas. ¡Los chicos culpan a sus padres, los estudiantes culpan a sus maestros, los empleados culpan a sus empleadores, los criminales culpan a la sociedad o a sus víctimas, y todos nosotros, en algún momento, culpamos al gobierno!

Cuando consumimos tiempo y energía en culpar a los demás por nuestros propios fracasos o por quién somos como individuos, hay menos energía para el crecimiento, la perfección y el éxito. Culpar a los demás, realzar los fracasos y repetir errores una y otra vez, son meramente formas que los líderes y seguidores han ideado para evitar aceptar la responsabilidad personal por sus acciones.

Los líderes que aceptan la responsabilidad personal de quiénes son, además, reconocen que su propio conocimiento de errores y fracasos pasados, su propia admisión de fallas personales y patrones de hábitos negativos, y su propio entendimiento del poderoso condicionamiento negativo que los ha llevado a ese nivel, *¡son items meramente de información!* Todas estas cosas combinadas le dicen a los líderes efectivos dónde comenzar en el camino hacia el logro del verdadero éxito del que son capaces.

> USTED SOLO ES RESPONSABLE DE LO QUE PUEDE LLEGAR A SER.

Verdaderamente, los fracasos del pasado son significativos solo si usted los repite o se niega a aprender de ellos. Aunque los padres, los maestros y la sociedad en general pueden verdaderamente merecer algo del crédito o de la culpa por quién es usted hoy, usted solo es responsable de lo que puede llegar a ser.

No solo debe, como líder, aceptar la responsabilidad personal por quién es, sino que, además, debe aceptar también la responsabilidad personal por sus sentimientos y emociones.

Si descubre que se siente temeroso, vacilante o desalentado, reconozca que nadie, salvo usted, es el responsable por el hecho de que experimenta una emoción negativa.

El hecho simple es que ninguna persona y ninguna circunstancia externa puede hacerlo sentir de alguna forma particular. Los miembros de su equipo y los eventos ciertamente pueden contribuir a situaciones que generan varias emociones, pero como usted se sienta respecto a esa situación es, en el análisis final, su propia opción personal.

Cuando los líderes rehúsan permitir que las acciones y las palabras de los demás afecten sus actitudes, exhiben la clase de madurez que les permite encargarse de sus propias vidas, y esa misma madurez recorre un largo camino para convencer a los miembros del equipo y a los colegas de que su líder mantiene sus mejores intereses verdaderamente cerca del corazón.

Aceptar la responsabilidad por las acciones del liderazgo

Una vez que usted acepta la responsabilidad personal por quién es, y por cómo se siente, el próximo paso lógico es la aceptación de responsabilidad personal por las acciones que emplea. Cuando los líderes aceptan la responsabilidad personal por sus acciones, evitan compararse con los demás. Evalúan sus propias acciones contra un estándar, el estándar de las metas personales y organizacionales que medirán su propia excelencia.

Tales líderes no tienen necesidad de juzgar su desempeño por un reloj; no desisten del día solo porque han cumplido los mínimos requisitos diarios para mantener las puertas abiertas. Armados con responsabilidad personal, los líderes efectivos recorren la milla extra para mantener sus compromisos consigo mismos, con los miembros de su equipo y con sus clientes.

Puede haber notado que los líderes sumamente efectivos a menudo exceden lo mejor que los demás esperan de ellos. Esto es porque esos individuos han desarrollado el hábito de levantarse para suplir las necesidades, a medida que se vuelven conscientes de ellas. Entienden que el único factor de liderazgo con el mayor potencial para enfatizar el éxito, es su disposición para contraer responsabilidad personal por la organización que dirigen.

Los beneficios de la responsabilidad personal

En el área del crecimiento personal y profesional, usted tiene una oportunidad magnífica para asumir responsabilidad personal y ejercitarla para siempre. Como líder efectivo, puede experimentar un inusual crecimiento personal, como individuo y como persona de negocios.

Y, en un sentido real, se vuelve un comerciante de crecimiento y éxito personal para los que trabajan con usted. El producto que está vendiendo, los hábitos personales y las características de comportamiento que conducen a la realización de los sueños individuales y organizacionales, es el mismo producto que ha usado para usted mismo. Debido a que usted se ha vuelto un producto de ese producto a través de soñar sueños grandes, de hacer planes nobles y de perseguirlos diariamente, los que lo rodean serán capaces de sentir su crecimiento personal y querrán experimentar lo mismo en sus vidas.

Pero el crecimiento personal y profesional siempre es una elección. Así como usted no puede forzar a los miembros de su equipo a ser más de lo que son, nadie puede forzarlo a usted a crecer. Usted debe preguntarse: "¿Estoy dispuesto a pagar el precio de aceptar la responsabilidad por el crecimiento personal?"

Piense bien su respuesta. Su determinación de hierro para tener éxito, gira sobre su decisión de aceptar la responsabilidad personal por su propio desarrollo personal. La confianza que pone en los demás será fortalecida o destrozada por su decisión de crecer personalmente, o de permanecer en la forma en que está. El deseo de lograr metas nuevas y significativas será dramáticamente incrementado o reducido a nada, depende de su decisión. Los sueños que ha soñado y los planes que ha hecho cuentan con la aceptación de la responsabilidad personal por el progreso, el crecimiento y el cambio.

Mientras el resultado de la aceptación de la responsabilidad personal es la verdadera libertad para convertirse en lo que su Creador lo destinó a ser, el beneficio real es el éxito que usted vivamente imagina, ardientemente desea, sinceramente cree y sobre el que entusiastamente actúa.

¿Qué sucede sin responsabilidad?

Algunos otros líderes han rehusado aceptar la responsabilidad personal y han caído en apatía y esclavitud. *¡Esta suerte no debe acaecerle a usted!*

Otros líderes han rechazado la responsabilidad personal y han fracasado miserablemente. *¡Sus fracasos no deben volverse los suyos!*

Otros han temido a la responsabilidad personal y han permitido que oportunidades increíbles se deslicen a través de sus manos. *¡La pérdida de ellos no debe ser su pérdida!*

Otros han abandonado aceptar la responsabilidad personal y han vagado en profundidades de mediocridad. *¡El derroche de potencial y habilidad de ellos debe ser solo de ellos!*

La aceptación de responsabilidad personal es una forma de vida que perdura como un ideal para usted mismo, para su organización, para nuestra nación, para las sociedades enteras y para todo el planeta.

"EL PRECIO DE LA GRANDEZA ES LA RESPONSABILIDAD."
-WINSTON S. CHURCHILL

¿Por qué? Porque cuando las personas libres se atreven a aceptar la responsabilidad personal por ellas mismas y por sus propias vidas, traen una libertad increíble para la realización de la organización a la que contribuyen. Y una persona a la vez, trae libertad a toda la raza humana.

Los líderes deben aceptar la responsabilidad personal por sus propios éxitos y fracasos. Si asume un riesgo apropiado, usted expande sus propias capacidades. Eso también es libertad, la libertad de los líderes y seguidores para lograr encontrar dentro de ellos mismos el potencial ubicado allí por su Creador, y usar ese potencial para crecer, cumplir y lograr el propósito para el cual fueron creados.

CAPÍTULO NUEVE

El liderazgo en la encrucijada

*E*l progreso, el crecimiento y el cambio están a la orden de la humanidad. Los líderes verdaderamente grandes abrazan el cambio con brazos abiertos, porque saben y comprenden que sin cambio, nada sobrevive.

El cambio es una parte integral de la vida, y es en gran manera una parte integral del liderazgo. Después de todo, si nada cambiara, el liderazgo sería un proceso simple de poner procedimientos de trabajo en su lugar y verlos operar. Pero el cambio es inevitable, y lleva al liderazgo al amplio desafío de manejarlo.

Todas las personas responden de manera diferente al cambio: algunos están temerosos, deprimidos o incluso paralizados, incapaces de proceder de alguna manera. Otros ven al cambio como un desafío: son inspirados, energizados y revitalizados.

Los líderes no pueden prever ni evitar el cambio. Este brama como un río poderoso, pero es un río que puede ser apropiadamente canalizado y utilizado como una fuerza conductora para la realización.

Tres claves para el cambio constructivo

¿Cómo aprenden los líderes efectivos a ver el cambio como una oportunidad para aprender y crecer? Bastante simple: construyen sobre los 5 pilares del liderazgo. Más específicamente, aplican la:

Clave 1: aprenden a tratar constructivamente cualquier tipo de cambio. Para hacerlo, deben poseer metas organizacionales claramente definidas. Para los líderes y los miembros del equipo, el cambio a menudo es temido porque sus consecuencias son ampliamente desconocidas. La realización en medio de circunstancias caóticas, poco familiares y cambiantes, es un proceso mucho más intenso que el de la realización en circunstancias comunes. Un programa de metas organizacionales claramente definido sirve para hacer los cambios menos desalentadores, menos amenazantes y más manejables, todo porque las metas definen los cambios.

En la mayoría de los casos, por supuesto, los cambios parecen definir las metas. El cambio mismo es a menudo el dueño de la organización. Tiende a establecer la dirección y a manejar el esfuerzo del equipo hacia un destino de su propia elección. Si se posee un plan de acción organizacional claramente definido, los líderes sumamente efectivos son capaces de devolver la pelota al cambio. Las metas definen los cambios a hacer, la dirección o el rumbo a seguir, y la contribución de cada miembro del equipo para asegurar que esas metas sean cumplidas.

Adicionalmente, las metas organizacionales tienden a aliviar el temor al cambio. ¡Si no existe otra razón, debería recomendar las metas claramente definidas a todo líder y administrador! Las metas organizacionales sirven para indicar en detalle los beneficios que los líderes y miembros del equipo gozarán como resultado del cambio. Y ellos ayudan a que cada miembro de la organización construya una imagen mental clara de las condiciones de gratificación que serán establecidas como resultado del cambio.

Clave 2: aprenden a alentar el crecimiento personal de los miembros del equipo. El crecimiento personal y el *estatus* de persona total no están reservados para alguna clase de elite de liderazgo. Los líderes que involucran a los miembros de sus equipos en un proceso de crecimiento personal planeado realmente, precipitan el proceso de cumplimiento de metas organizacionales. Los miembros del equipo rápidamente descubren que el camino más fácil para cumplir sus metas personales radica en ayudar a la organización para alcanzar sus metas.

Es nuestra creencia que los individuos rara vez dejan las organizaciones por mejores condiciones de pago o de trabajo. En cambio, a menudo lo hacen porque están insatisfechos con su propio crecimiento personal. Cuando los miembros del equipo crecen personalmente y se vuelven individuos bien "redondos", generan sus propios suministros de actitudes, entusiasmo y emociones positivas.

¿Por qué esto es importante? Porque los miembros del equipo que se sostienen a sí mismos a través de esas actitudes, además, tienden a sostener a la organización, a sus líderes y a otros miembros del equipo. Expresado simplemente, el miembro del equipo que crece personalmente descubre emociones renovadas en el trabajo, ¡y esa emoción es contagiosa!

Los miembros del equipo que están "verdes y creciendo" desarrollan actitudes mentales y hábitos de trabajo que son conducentes al cambio. Los miembros del equipo que están "maduros y en descomposición" se resisten al cambio y se adhieren a actitudes y hábitos improductivos y antiguos. La opción del líder es simple: facultar a esos individuos con la oportunidad de crecer y desarrollarse en cada área de la vida, o permitirles malgastar su potencial en felicidad y logro. Los líderes que consignan a los miembros de sus equipos a posiciones de olvido son espantosamente susceptibles a los efectos destructivos del cambio negativo y desguarnecido.

Cuando los chicos no obtienen atención positiva, algunas veces recurren a comportamientos negativos para atraer la atención que desean. Lo mismo sucede en una organización: sin atención positiva, los miembros del equipo pueden comenzar a generar cambios negativos para obtener la atención y el reconocimiento que necesitan. Darle a los miembros del equipo asignaciones desafiantes y recompensas adecuadas los mantendrá "verdes y creciendo", y los mantendrá enfocados en las metas a corto y a largo plazo de la organización.

Clave 3: aprenden a involucrar a los miembros del equipo en el proceso. Los líderes que manejan efectivamente el cambio son, además, los únicos que se esfuerzan para involucrar a los miembros del equipo en el proceso de planeamiento, rastreando y evaluando nuevas circunstancias, nuevas situaciones y nuevos procedimientos.

Mientras los líderes normales desarrollan una especie de "comité de vigilancia" compuesto de unos pocos miembros de quienes se espera que den la aprobación tácita al proceso de cambio, los líderes sumamente efectivos involucran a cada miembro del equipo. Cada individuo, después de todo, tiene algo único para ofrecer: una perspectiva diferente, una idea diferente o una actitud diferente. Los grandes líderes ven esa unicidad como un cofre de tesoro, y se esfuerzan para hacer de ella un elemento integral del proceso de cambio administrativo.

La participación de los miembros del equipo le da a los miembros individuales de su organización un sentido de pertenencia. Esta pertenencia experimentada por otro sirve para alentar un compromiso más profundo hacia el éxito de cualquier organización. Realmente, las contribuciones de los miembros del equipo traen lealtad, comprensión y compromiso personal que une a los miembros del equipo con la organización a largo plazo. La pertenencia ayuda a reducir la amenaza implícita del cambio, porque funciona para hacer disponible el conocimiento íntimo de los problemas y el potencial organizacional de cada miembro del equipo.

¿Una red de seguridad?

Los mejores líderes siempre están completamente conscientes de que los miembros del equipo pueden no siempre estar tan seguros del resultado del cambio, como lo están los líderes mismos. Eso es porque, cuando les piden a su gente cambiar, tienen cuidado de proveer alguna clase de red de seguridad.

Una red de seguridad, aunque puede tomar muchas formas, sirve solamente para un propósito: es una provisión para manejar obstáculos y otras adversidades inesperadas. Las provisiones de toda red de seguridad están basadas en el apoyo positivo, tales como el "ida y vuelta" especifico, la comunicación abierta y el creciente compromiso de los líderes.

Por supuesto, los miembros del equipo se esfuerzan por seguridad: quieren saber que serán capaz de suplir sus propias necesidades y las necesidades de sus familias. Ninguna red de seguridad provee esa clase de acorazado seguro; el valor de una red de seguridad es más ampliamente mental que financiero. Confrontado con el cambio y la crisis, muchos líderes se retraen a la oscuridad y al silencio. Aparentan que los problemas no existen, aunque la mayoría de los miembros de la organización pueden ver desarrollarse los síntomas. Como resultado, los miembros del equipo se ponen nerviosos e inquietos, hábitos de pensamiento escasamente saludables para una productividad máxima.

En contraste, los miembros del equipo están tranquilos y frecuentemente redoblarán sus esfuerzos cuando sientan que los líderes hacen un esfuerzo honesto para comunicar desafíos, y ponen a la vista el tiempo y el esfuerzo requerido para hacer frente a la marea del cambio negativo.

Las personas se resisten al cambio por dos razones. Primero, el cambio es incomodo, y segundo, el cambio amenaza al *statu quo*. Cuándo los líderes le piden cambiar a los miembros de su equipo, deben mantener en mente que la tendencia natural es ¡exactamente lo opuesto!

Confrontar problemas y dificultades

Los líderes sumamente efectivos planean manejar los problemas relacionados al cambio. Hay, por supuesto, algunas herramientas especificas de acción que los líderes pueden usar ante los desafíos y dificultades inducidos por el cambio.

Esto marcha casi sin decir que un programa de metas comprehensivo hará más para anticipar los obstáculos y los problemas que cualquier otra herramienta. Esto es porque un elemento integral de tal plan implica el diseño de un camino alrededor de los problemas, y las privaciones que están listos para desarrollarse. Este programa de metas puede volverse un catalizador para los procedimientos cuidadosamente creados que manejan efectivamente los problemas, antes de que puedan dañar a la organización.

Algunos líderes eligen evitar esta clase de planeamiento que anteceden al problema, optando en cambio por permitir que cualquier problema que se origina se resuelva por sí mismo. Eso es un gran error... y una trampa mortal. Los líderes efectivos evitan dejar para mañana situaciones problemáticas y se comunican con los miembros de su equipo en un esfuerzo para alentar la participación de los demás y tomar ventaja de su creatividad combinada.

Como líder, usted puede darse cuenta que mientras elige abrazar algún cambio, algún otro cambio también le será impuesto. En cualquiera de los dos caos, descubrirá que es capaz de manejar exitosamente el cambio haciendo un plan práctico, implementando sus diseños y observando cuidadosamente el progreso.

Cuando el trasbordador espacial se separa de la Tierra, el gran interés se enfoca en la nave espacial cuando acumula una presión aerodinámica máxima segundos después del despegue. Los líderes efectivos demuestran su más grande interés y sus esfuerzos administrativos cuando sus organizaciones atraviesan áreas de máximo cambio. Cuando observamos cuidadosamente el progreso y el crecimiento, la presión de cambio es reducida a niveles medibles y manejables.

Un término importante, "capacidad negativa", inventado por el poeta John Keats, se aplica a este tiempo importante. La capacidad negativa, que Keats definió, es la capacidad de resistir inseguridades, misterios y dudas sin una reacción irritable después de un hecho o razón.

En otras palabras, la capacidad negativa es la habilidad de recuperarse de los fracasos, de superar obstáculos y de asumir un riesgo calculado. Usted no malgasta ni un segundo en la duda, en la frustración o preguntándose por qué debe enfrentar obstáculos. Los obstáculos son una realidad de la vida.

Un hombre de negocios de Singapur, Y. Y. Wong, lo expreso mejor cuando dijo: "La capacidad negativa le permite rehusarse a dejar que las fuerzas negativas en su ambiente lo controlen a usted y a sus emociones".

La opción de reestructuración

Los últimos años han visto emerger la reestructuración organizacional como una solución para los problemas inducidos por el cambio. Esta reestructuración es verdaderamente un método viable para el manejo de los efectos del cambio, y puede ser desarrollado en varios niveles diferentes: los líderes pueden reestructurar la organización entera o solo renovar las asignaciones de responsabilidad. Pero de cualquiera de las dos maneras, la reestructuración efectiva no es la ideal.

Para hacer que los miembros del equipo acepten la reestructuración, los líderes deben comenzar por hacer planes cuidadosos. Los planes primero implican el programa de metas de la organización. Los líderes que carecen de metas organizacionales claramente definidas usualmente usan la reestructuración como una medida de relleno, esperan dilatar la marcha inexorable del cambio lo suficiente para hallar algo que haga frente a la marea en forma permanente.

¡Los líderes que han involucrado a los miembros de su equipo en el desarrollo de metas organizacionales están a menudo sorprendidos de descubrir que otros individuos reconocen primero la necesidad de reestructuración! Las actitudes y los hábitos defensivos o inflexivos son descartados cuando los miembros del equipo se vuelven una parte integral del proceso de establecimiento de metas; ellos típicamente ven la reestructuración como una necesidad positiva y productiva, como otro paso hacia la realización de las metas fundamentales de la organización. Cuando los miembros del equipo están involucrados en el proceso de establecimiento de metas, también están involucrados en el proceso de realización de metas. Si la reestructuración ayuda en ese esfuerzo, los miembros del equipo la verán como una forma positiva de avanzar en el camino al éxito.

Si es necesario, los cambios deberían ser hechos en la estructura de una organización, pero gradualmente. ¿Por qué? Porque los líderes y los miembros del equipo descubren que los cambios más pequeños son más fáciles de asimilar y de ajustar que los grandes cambios. Sin embargo, si el programa de metas de la organización hace de una reorganización completa una necesidad absoluta, al llevar a cabo la completa reestructuración toda de una vez puede estar preferentemente prolongándola. ¡Prolongándola demasiado, la reestructuración puede terminar en una seria pérdida de estabilidad organizacional, sin mencionar la pérdida de su propia estabilidad en el proceso!

Cualquiera sea el momento que usted elija para su esfuerzo de reestructuración, asegúrese de involucrar a los miembros del equipo en el proceso de planeamiento. Sus personas clave merecen su promesa tranquilizadora y apoyo; después de todo, apoyan y tranquilizan a toda la organización. Cuando usted presenta a la reestructuración como una oportunidad para el perfeccionamiento, descubrirá que los miembros del equipo responden con una creciente productividad, mejor calidad y servicio, y un nuevo conocimiento de sus oportunidades para contribuir al éxito personal y organizacional.

El secreto de un cambio de supervivencia

En el análisis final, las crisis y los cambios de supervivencia demandan algo de cada líder: flexibilidad. La flexibilidad es la habilidad de doblegarse sin quebrarse. Le da la habilidad de sostener firme sus metas, su misión y su origen. Lo habilita para separar los medios del resultado final.

Los líderes inflexibles carecen de ese delicado equilibrio entre el mantenimiento del control de la organización y el esfuerzo para suplir las necesidades de los miembros del equipo. Los líderes flexibles, por otro lado, son agudamente sensibles a las necesidades de los individuos dentro de la organización. Están dispuestos a hacer arreglos menores en su plan de acción para acomodar aquellas necesidades.

Esa buena voluntad de hacer arreglos menores alienta el respeto entre los miembros del equipo. Cuando usted está dispuesto a suplir las necesidades de sus miembros, ellos complacientemente lo siguen a usted y a su liderazgo. En medio del cambio, usted puede contar conque ellos respondan positivamente a medida que hacen su parte en el proceso de mantener a la organización en curso. Sus esfuerzos son conducentes para la estabilidad organizacional, y su flexibilidad ha creado la buena voluntad de ellos para recorrer la milla extra.

En cada área de la vida, en la familia, las escuelas, las organizaciones cívicas y en los negocios, la flexibilidad es la clave para el cambio positivo y productivo. La flexibilidad, más que tal vez cualquier otra característica de los líderes sumamente efectivos, combina constructivamente metas personales y organizacionales. El resultado final son individuos comprometidos, miembros de equipo que están entregados a la realización de sus objetivos, así como de los propios.

Cómo manejar las prioridades efectivamente

En tiempos de cambio y desafío constante, los líderes y administradores están continuamente enfrentados con la necesidad de determinar prioridades. Esta es otra área en la que el programa de metas hace una contribución valiosa. Tal programa de objetivos organizacionales ayuda a cada miembro del equipo a identificar qué viene primero, qué viene segundo, y así sucesivamente.

Los pasos de acción para la realización de metas organizacionales específicas sirven para determinar qué parte del esfuerzo será suyo y qué trabajo será dado a los demás miembros de su equipo. Nosotros creemos que la forma más efectiva de elegir sus propias actividades es la de determinar el costo de tiempo involucrado por usted.

Basado en su ingreso anual y en el número de horas que trabaja por semana, es posible determinar con un razonable grado de exactitud cuánto recibe de paga por cada semana, por cada día y por cada hora de trabajo. Cuando usted se dé cuenta que su tiempo realmente vale en términos de dólares y centavos, se vuelve más fácil elegir qué cosas usted desempeñará y qué cosas delegará a los demás en la organización.

Esta comparación del costo de su tiempo con el valor de la actividad involucrada, es una forma efectiva de establecer prioridades personales y organizacionales. Usted no debería malgastar una buena parte de su valioso tiempo en proyectos que pueden ser manejados por aquellos cuyo tiempo le cuesta a su organización menos dinero.

Algunos líderes eligen establecer prioridades; para ello evalúan la contribución que cada actividad especifica hará a la realización de las metas del equipo. Obviamente, las actividades que ayudan a moverlo a usted y a su organización más cerca de los objetivos predeterminados, demandan una prioridad más alta que aquellas que producirán un beneficio real menor. El tiempo de cualquier líder es mejor empleado en cosas que producen la tarifa más alta de utilidad financiera para la organización. Si el tiempo es rezagado, puede ser aplicado a las actividades que están más abajo en prioridad.

El valor de una hora

Cuando usted conoce el valor de cada hora de su trabajo, puede acoplar ese precio con el valor de la actividad misma y con la contribución que la actividad hará a las metas organizacionales. También debería tener una buena idea de la cantidad de tiempo que la actividad consumirá. ¡Entonces estará listo para elegir una estrategia particular para manejar esa actividad, o decidir si ella debería ser manejada!

Algunas actividades, por supuesto, son esenciales para la operación uniforme de la organización. Sin embargo, el nivel de habilidad necesaria para cumplirlas es a menudo tan bajo que usted no debería malgastar su tiempo en esas actividades. En cambio, descubra a alguien en su equipo a quien pueda delegar la actividad. Si el tiempo de ese individuo le cuesta a su compañía menos que su propio tiempo, ha hecho un beneficio adicional.

Por otra parte, usted ha ayudado a miembros de su equipo a crecer y a perfeccionarse. Y como si esto no fuera un beneficio suficiente, la delegación recorre un largo camino hacia el establecimiento de prioridades y valores claros para el equilibrio del equipo.

Muchos líderes fracasan al desarrollar un claro entendimiento de prioridades, porque han fracasado al crear descripciones de trabajo adecuadas para los otros miembros del equipo. En este caso, los miembros del equipo tienen poca o ninguna idea de lo que deberían hacer con su tiempo. La noción de establecer prioridades para ellos mismos y para las demás personas es típicamente un ejercicio en el pensamiento abstracto. Las descripciones completas de trabajo, por otro lado, le dan a los líderes una clara imagen del flujo de trabajo y cómo las asignaciones son manejadas.

> LOS LÍDERES EFECTIVOS HAN APRENDIDO A DELEGAR ASUNTOS DE BAJO COSTO, ACTIVIDADES RUTINARIAS, Y TODO LO QUE PUEDA SER HECHO POR ALGUIEN MÁS SIN ATENCIÓN E INTERVENCIÓN PERSONAL DE PARTE DEL LÍDER.

Los líderes efectivos buscan asuntos de trabajo que puedan ser reformados rápida y eficientemente. Esos son típicamente asuntos que están relacionados unos con otros, y con cosas que podrían ser hechas más rápida y fácilmente por una persona que por varios miembros del equipo. Es, por supuesto, la responsabilidad del líder asegurarse que cada cosa de la actividad sea realmente completada por el miembro del equipo que puede hacerlo más rápida y precisamente.

Las prioridades ayudan a los líderes a distinguir asuntos o actividades que deberían ser eliminadas del todo. Existen asuntos que proveen tan poca contribución a las metas organizacionales, que el tiempo para desempeñarlos no es un costo justificable. Los mejores líderes son a menudo los que están dispuestos –incluso deseosos, en algunos casos– a suprimir informes, actividades y rituales que han manejado para sobrevivir lo suficiente, para durar más que sus utilidades.

Mantenerse en contacto con la organización cambiante

Junto con el planeamiento y el establecimiento de prioridades, permanecer informado es un atributo crítico para los líderes efectivos que abrazan el cambio organizacional. Mientras es tedioso y consumidor de establecer, un sistema para manejar cada parte de la rutina día a día merma el número de decisiones que deben ser hechas por los líderes y administradores. Adicionalmente, un sistema ayuda a transformar problemas en procedimientos automáticos, y asegura que el individuo más calificado manejará una situación dada cuando esta surja.

Los líderes efectivos eliminan una gran cantidad de ansiedad que típicamente acompaña al cambio, cuando ya tienen los cuatro elementos clave en posición:

1: *procedimientos claramente definidos que gobiernen todas las funciones rutinarias dentro de la organización.* Acá es donde un manual de procedimientos actualizado se pone en juego. Dicho manual ayuda a entrenar a nuevos miembros del equipo y a mantener a cada uno en rumbo hacia el cumplimiento de una actividad especifica. Adicionalmente, los procedimientos claramente definidos ayudan a reducir el tiempo que podría, de otra manera, ser usado en dar instrucciones. También ayudan a eliminar la toma de decisión repetitiva y previenen la omisión accidental de actividades importantes.

2: *informes regulares requeridos en forma mensual –o con mayor frecuencia– de cada miembro del equipo en una posición de liderazgo o administración.* El informe debería tratar sobre asuntos que estén claramente ligados a la realización de metas organizacionales específicas. Para ayudar a los miembros del equipo a comprometerse con el proceso de planeamiento a su nivel, los informes mensuales deberían enfocarse en los logros durante el mes anterior, en los problemas actuales y planes para resolverlos, y en planes detallados para el cumplimiento del mes siguiente.

3: *la disponibilidad y accesibilidad de los líderes.* Es muy raro que los líderes sumamente efectivos dirijan sobre un fundamento de ausencia. Saben que deben estar disponibles y accesibles para proveer dirección, entrenamiento y ánimo a cada miembro de la organización. La accesibilidad de un líder tiene un efecto profundo sobre la actitud de la organización. Su accesibilidad, tanto física como emocional, provee a los miembros del equipo la confianza para progresar.

4: *ser un buen oyente y un observador perspicaz de las personas y de los acontecimientos.* Estos líderes han aprendido a relacionar lo que han observado con las metas de la organización. Adicionalmente, sus habilidades los capacitan para percibir las insinuaciones de problemas antes de que algunas dificultades realmente serias se desarrollen, y para permanecer informados y al tanto del cambio dentro de su organización. De esta forma, están equipados para responder efectivamente al desafío del cambio, y para actuar creativamente para producir soluciones que mejorarán la productividad de todo el equipo.

¿Puede el estrés obrar para usted?

El líder estresado es un eterno mito. La realidad es que todo líder o administrador, en alguna faceta de alguna organización, experimenta algún nivel de estrés. Los líderes más efectivos, sin embargo, desarrollan sus habilidades para usar el estrés como una fuerza para el logro, en vez de como una entidad destructiva.

¿Cuándo el estrés golpea a la mayoría de los líderes? Típicamente, el estrés empieza cuando las condiciones producen un conocimiento de que alguna acción es necesaria para resolver un problema, para satisfacer una necesidad en particular o prevenir algún resultado negativo. Cuando los líderes creen que la presión para actuar puede ser combatida por acciones calculadas y bien definidas, el estrés es un agente constructivo. Pero si la necesidad percibida requiere más tiempo, mayor habilidad o más dinero, el estrés se vuelve una fuerza destructiva.

El estrés se evidencia física y psicológicamente; algunas veces se dan al mismo tiempo. Las emociones primitivas, activadas y alentadas por el estrés, hacen que los líderes y los seguidores se levanten para combatir una amenaza percibida. Las funciones corporales se aceleran, los músculos son estimulados y preparados para un esfuerzo extraordinario. Si alguna clase de actividad física enérgica sigue a esta preparación física, el cuerpo regresa al estado normal tan pronto como la necesidad o la amenaza haya sido combatida.

Si, sin embargo, la amenaza advertida no es eliminada por la actividad del cuerpo, la preparación física continúa... y continúa... y continúa. El cuerpo continúa preparándose para combatir una amenaza. A menudo, el agotamiento se establece antes de que la amenaza sea eliminada.

Tratar con el estrés no es una tarea fácil para muchos líderes. Ellos toman antiácidos para aliviar el malestar estomacal y tragan analgésicos para aliviar dolores de espalda. Y esto es solo el comienzo; toda clase de dolencias físicas fastidia a los individuos que viven en constante estado de estrés.

Los efectos psicológicos son aun más dañinos. Temperamentos de enojo y nervios deshilachados son los signos visibles de un estrés crónico que se rehúsa a ser satisfecho por una razonable cantidad de actividad. Pero el daño más grande es hecho dentro, en la actitud y el espíritu. El estrés constante destruye la emoción y el estremecimiento de la realización, porque ningún resultado parece lo suficientemente bueno. El estrés continuo priva al trabajo de su gozo puro.

La pérdida continúa aumentando. El descontento con la actividad personal y la productividad individual inducida por el estrés, conduce a un derrumbamiento en las relaciones entre las personas en el hogar y en el trabajo. El estrés desmedido estorba la efectividad de la toma de decisión, disminuye la productividad individual y efectivamente bloquea la creatividad mental.

El estrés y el cambio, una invitación a la grandeza

El estrés es a menudo el resultado del cambio, y el cambio es a menudo el resultado del estrés. En este círculo, ambos son oportunidades y desafíos positivos, pero ninguno goza de gran popularidad. Pero sin estrés, la motivación se marchita y muere. El estrés y el cambio son elementos esenciales en el orden de la vida. *wither*

Los líderes efectivos manejan el estrés en la misma forma que manejan el cambio. Buscan los aspectos positivos en vez de detenerse en los efectos negativos. El estrés, en su núcleo, es un desafío a la creatividad de cualquier líder. Es una buena oportunidad para exponer el desempeño del liderazgo. Los grandes líderes comprenden esta oportunidad y la aprovechan. El discurso de Winston Churchill de "sangre, lágrimas, trabajo y sudor", era el clamor ridiculizado de los británicos en los días más oscuros de la Segunda Guerra Mundial.

¿Por qué las metáforas inducidas por el estrés sirven para motivarlo a usted y a los miembros de su equipo? Expresado simplemente, su lenguaje y conducta reflejan su actitud de que el estrés es un desafío y una oportunidad. Usados en esa forma positiva, el estrés y el cambio inspiran a las personas en toda organización a actuar, lograr y buscar lo mejor dentro de sí mismos.

Cómo manejar el agotamiento del liderazgo

Muchos hombres de negocios hablan del agotamiento, como si fuera una cosa viva. Realmente el agotamiento es una condición lograda por un estrés no aliviado que termina en un alto grado de agotamiento emocional. Por supuesto, la productividad personal también es dramáticamente disminuida.

Los mejores líderes entienden que prevenir el agotamiento entre los miembros del equipo es de tal vital interés como prevenirlo dentro de sí mismos. Verdaderamente, los líderes se vuelven modelos críticos en la medida que demuestren la forma en la que manejan constructivamente el cambio y el estrés para prevenir el agotamiento en sus propias vidas.

> "A MENOS QUE USTED TOME AL CAMBIO POR LA MANO, ESTE LO TOMARÁ A USTED POR EL CUELLO."
> —WINSTON S. CHURCHILL

Los líderes efectivos se esfuerzan por identificar las causas específicas del estrés, luego planean y llevan a cabo acciones específicas adecuadas para minimizar o eliminar las causas totalmente. Las causas comunes de agotamiento que inducen al estrés podrían incluir sobrecarga de trabajo, demandas excesivas de tiempo, expectativas poco realistas y conflictos interpersonales.

Los líderes que se esfuerzan para involucrar a los miembros de sus equipos en el ejercicio de establecer metas para sus posiciones particulares, descubren que los niveles de inseguridad y conflicto son considerablemente reducidos. La inseguridad desaparece ante la presencia de un plan de acción y de metas claramente definidas, y los conflictos de rol declinan cuando los miembros del equipo tienen una definición clara de sus propias responsabilidades.

Demostrar a los miembros del equipo atención e interés genuinos, es una gran manera de eliminar el estrés dentro de la organización. Los líderes exitosos siempre están ocupados en conversaciones de asamblea que les proveerán la información necesaria par hacer frente a la presión, al cambio y a las expectativas de desempeño.

Los líderes efectivos saben que cuando más control los miembros del equipo ejercen sobre sus propias vidas, más aptos están para cumplir sus propias metas personales, y más inclinados a hacer públicamente el esfuerzo necesario para cumplir las metas de la compañía. Permita que el estrés y el cambio lo inspiren a volverse más sensible a las necesidades de los miembros de su equipo. Mientras inspira a otros miembros de la organización a permanecer productivos y a lograr metas de realización específica, usted se vuelve más habilidoso en el manejo del estrés y del cambio, y en la prevención del agotamiento.

> EN LA BÚSQUEDA DE MANEJAR EL CAMBIO, NO PUEDE OLVIDARSE DE CONTINUAR TRABAJANDO PARA CAMBIAR USTED MISMO.

Mantener su perspectiva en medio del cambio

¿Por qué hace lo que hace? Presumiblemente, usted y los miembros de su equipo desarrollan planes de acción en todas las seis áreas de la vida, con el propósito expreso de reducir el estrés, planificar el cambio, eliminar actitudes y hábitos antiguos, y aumentar su gozo de la vida. Pero cuando el camino se pone difícil, se encontrará haciéndose esta misma pregunta muchas veces.

La respuesta se halla en seis partes, una para cada área de la vida.

1) Financiera y profesional.

En el aspecto financiero y profesional de su propia vida, esfuércese por ejercitar el mismo cuidado sobre sus finanzas personales, como lo hace por las de su organización. No pierda de vista las metas de su profesión, ellas son indicadores a los que usted puede aferrarse para hallar apoyo cuando las tormentas de cambio lo asalten. Esta área de la vida es critica para su éxito continuo. Esta le provee el ingreso, la influencia y el sentido de cumplimiento que lo ayudan a lograr las metas en las otras cinco áreas.

2) **Física y de salud.**

En términos de su área física y de salud personal, usted puede debilitar los efectos del estrés y del cambio si añade una dieta sensible, un buen programa de ejercicios y un descanso adecuado. Su cuerpo es la estructura de sostén para su mente activa y creativa.

3) **Familiar y del hogar.**

En el área familiar y del hogar de la vida, usted puede aplicar algo del tiempo y de la energía que ha ahorrado a través del pensamiento claro y del manejo de metas específicas en el trabajo. Esfuércese en mantener relaciones dignas con cada miembro de su familia. Hallará fácil demostrar el mismo cuidado e interés por ellos, como el que tiene por los miembros de su equipo.

4) **Mental y educacional.**

El área mental y educacional le ofrece oportunidades continuas para crecer en el conocimiento de su campo profesional, y en otras áreas de interés. Estimúlese para pensar y examinar ideas importantes, haciéndose un momento para leer algo nuevo cada día.

5) **Espiritual y ética.**

El área espiritual y ética de su vida también demanda atención. Trabaje para convertirse en la clase de persona que quiere ser, alguien que sostenga los valores que quiere demostrar a los demás. Usted tiene una oportunidad de restituir a los demás algo de las bendiciones y recompensas que le han sido dadas. ¡No fracase en hacer eso! Busque una causa más grande que usted mismo, algún esfuerzo digno que pueda apoyar con su tiempo, esfuerzo y dinero.

6) **Social y cultural.**

Muchos líderes descubren que las relaciones sociales y culturales que desarrollan en esa área de la vida se extienden no más lejos de las puertas de la compañía. Invoque al cambio para ayudarse a sí mismo a desarrollar un círculo de amigos más amplio, con quienes tener y vivir intereses comunes.

Crecimiento quiere decir cambio

Mientras usted puede ser asaltado y confrontado por las fuerzas del cambio y el estrés diariamente, no puede darse el lujo de descuidar su propio crecimiento personal y profesional. Ahora ha comprendido las dinámicas importantes de ese crecimiento en su propia vida. Las mismas dinámicas se aplican al crecimiento dentro de los miembros del su equipo y dentro de su organización.

La línea final es siempre la misma: crecimiento significa cambio. Si fracasa al cambiar, fracasa al crecer. Si fracasa al ayudar a los miembros de su equipo a cambiar, ellos fracasan al crecer. Si usted y los miembros de su equipo fracasan al avanzar a través del cambio, su organización no permanecerá estancada, sino que comenzará una espiral descendente hacia el olvido. Para usted y su organización, el proceso de planificar el crecimiento toma una importancia suprema. El antiguo dicho: "Fracasar al planear es planear fracasar", es literalmente verdadero. La clave para manejar cambios personales y organizacionales radica en la habilidad adquirida de especificar y definir claramente el futuro. Los líderes que poseen y utilizan esta habilidad, llenan el vacío de liderazgo moviéndose a través de los 5 pilares de liderazgo, hacia el suelo más alto de la realización más grande.

> "ESTOY CONVENCIDO DE QUE SI EL PRECIO DEL CAMBIO DENTRO DE UNA ORGANIZACIÓN ES MENOR QUE EL PRECIO DEL CAMBIO EXTERNO, EL FINAL ESTÁ A LA VISTA."

CAPÍTULO DIEZ

Cómo llenar el vacío de liderazgo

*D*entro de cada persona radica el potencial para ser mucho más de lo que es. Esa expectativa –el desarrollo del potencial humano para el éxito y el logro– es mejor realizada a través del liderazgo efectivo.

A medida que usted desarrolla los 5 pilares del liderazgo para llenar el vacío de liderazgo, puede adquirir una apreciación más profunda de la responsabilidad del liderazgo. Después de todo, nadie tiene realmente más poder para influenciar en los miembros del equipo y afectar directamente su nivel de productividad, que usted. La responsabilidad se vuelve aun más pesada cuando se da cuenta que, para los miembros del equipo, *usted* es la organización a la que sirven.

USTED es la organización

¿Por qué los miembros del equipo poseen típicamente ese criterio singularmente limitado? Porque aun cuando usted pueda o no poner en movimiento a toda la organización, al menos pone en movimiento la parte de ellos en ella. Usted encuentra diariamente oportunidades para llegar a decisiones, determinar horarios, recomendar u ofrecer promociones y ascensos, establecer o alterar procedimientos y proveer otras novedades e información a los miembros de su equipo.

Los administradores medios aun usan otro sombrero. Deben hacer su trabajo con confidencia, mientras que al mismo tiempo tienen respeto y confianza en la administración superior de la organización.

Los líderes que ponen en movimiento a la organización, por otro lado, descubren que el éxito es un acto de equilibrio. Ellos son requeridos para equilibrar el potencial y el deseo de la fuerza de trabajo, contra los típicos requisitos tediosos de los negocios.

Dondequiera que usted pueda encontrarse, el espectro de liderazgo ejerce demandas únicas e inexorables. Usted descubrirá que un continuo programa de entrenamiento y desarrollo personal es clave para afianzar la confidencia y la confianza de los miembros de su equipo, y para asegurar el completo éxito de la organización. Todo entrenamiento tiene una meta: desarrollar una fuerza de trabajo más productiva y más versátil.

El desarrollo personal, por otro lado, inspira a los miembros del equipo a enorgullecerse más de sí mismos y de sus potenciales para la realización. Al mismo tiempo que el desarrollo personal a menudo se expresa en formas intangibles –como un espíritu realzado de cooperación y un gran sentido de orgullo– crea beneficios valiosos cuando se acopla con el entrenamiento. El resultado del entrenamiento y del desarrollo personal es una combinación de reducción en costos, y un incremento en calidad, productividad y un completo desempeño.

El punto es que el entrenamiento y el desarrollo personal típicamente producen pocos beneficios cuando se aplican independientemente. Los trabajadores pueden obtener gran satisfacción del trabajo que hacen, pero si aún están descontentos consigo mismos, el trabajo sufrirá. Recíprocamente, los trabajadores pueden sentir emoción por quiénes son y por dónde están yendo en la vida, pero sin habilidades especificas de construcción y trabajo relacionados con el entrenamiento, pueden sentirse frustrados por sus incapacidades para subir la escalera hacia el éxito.

La importancia del desarrollo del equipo

A los miembros de nuestro equipo a menudo se les pregunta: "¿Qué actitudes deberían los líderes y administradores cambiar para realzar su efectividad?" Ellos siempre responden que los líderes y administradores deberían *abandonar la noción de que el entrenamiento y el desarrollo personal son lujos.*

Los líderes efectivos que están genuinamente interesados en la eficiencia, productividad y felicidad de los miembros del equipo, se dan cuenta que el entrenamiento y el desarrollo personal son necesidades absolutas.

Algunos líderes, por supuesto, trabajan para evitar entrenar a los miembros del equipo, porque temen que eventualmente un miembro del equipo los reemplace en el timón de la organiza- *rudder* ción. Usted debería elegir mirar esa posibilidad como un increíble beneficio. ¡Si no tiene a nadie preparado para ocupar su lugar, está destinado a permanecer donde está! Incluso los administradores evitan entrenar porque creen que las personas entrenadas los superarán.

Los líderes y administradores que se sienten fastidiados por la *annoyed* inseguridad y el temor del entrenamiento, deberían recordar que aún no han alcanzado el límite fundamental de ganancias y progresos. Siempre hay oportunidades para expandir la contribución individual a una organización. Algunas veces, descubrir la oportunidad requiere una búsqueda paciente, pero siempre está allí. No existe una razón real para que un líder o administrador espere que la escalera organizacional ofrezca un escalón más alto para subir. Si usted quiere ascender en la escalera organizacional, desarrolle a otras personas para que ocupen su lugar. Su tarea no es perpetuar el *statu quo*; su tarea es enseñar, entrenar y animar a los miembros del equipo a desarrollar su potencial innato para la realización.

¡Muchos líderes y administradores se creen demasiados ocupados para tomarse el tiempo de entrenar y desarrollar a los miembros de su equipo o a sí mismos! La verdad es que entrenarse a sí mismo y a su organización es una responsabilidad continua. Por esta razón es que cuanto más ocupado está, más importante es adquirir nuevas habilidades e impartirlas a los miembros de su equipo. La libertad para hacer mejor su trabajo lleva una etiqueta de precio: el costo es medido en el entrenamiento y en el desarrollo efectivo de los miembros de su equipo.

Usted es un modelo

Usted descubrirá que las actitudes de los miembros de su equipo hacia el entrenamiento y el mejoramiento del desempeño *reflejan sus propias actitudes*. ¿Cómo se siente respecto a la innovación? ¿Respecto al cambio? ¿Respecto al progreso? ¿Cómo comunica su propia estimación de sus potenciales y del valor del trabajo que hacen?

En el análisis final, sus actitudes establecen la atmósfera generalizada de pensamiento para los miembros de su equipo, sus hábitos de pensamiento determinan cuán receptivos los miembros del equipo serán a la persecución de excelencia, y su compromiso con el desarrollo personal y profesional determina cuán seriamente los miembros del equipo se aproximan al progreso individual y laboral. Es tan simple como eso.

Manejar sus actitudes hacia los miembros de su equipo y hacia el crecimiento personal es la prueba del liderazgo efectivo. Si usted es exitoso, obtiene recompensas en tres áreas:

Productividad mejorada: la productividad mejora porque las personas mejoran; cuando se sienten mejor consigo mismos y con el trabajo que hacen, los miembros del equipo siguen el orden natural del progreso y crecimiento como todos los demás.

enhanced

Relaciones interpersonales realzadas: los miembros del equipo son de carne y hueso, como usted. A medida que sus trabajadores continúan creciendo y mejorando, usted desarrolla un sutil interés personal por el progreso de ellos. El resultado es una relación más cercana que antes; sus trabajadores se vuelven sus colegas y finalmente sus amigos.

Mejor moral, mejores actitudes: cuando los miembros del equipo crecen personalmente y se sienten mejores respecto a sí mismos, la moral de la organización mejora por un proceso de ósmosis. La actitud positiva de un individuo literalmente contagia a otro... y así sucesivamente. El embotamiento, la actitud de- *dullness* samparada que puede haber caracterizado a los miembros de su equipo es rápidamente reemplazada por una visión positiva y vibrante de la organización, y de la contribución que esta hace a la sociedad.

Cómo atraer a un equipo

Las personas se unen a su equipo y se vuelven miembros de su organización cuando el equipo y la organización prometen suplir las necesidades individuales básicas de la persona. Mientras que la promesa es mantenida, los miembros del equipo tienden a permanecer. Si la promesa es de algún modo rota o ignorada, ellos pueden ¡salir corriendo!

En el descubrimiento y en el mantenimiento de los miembros del equipo que están comprometidos con la excelencia, los líderes deberían reconocer la ley de atracción, la que dice que las organizaciones dinámicas atraen miembros dinámicos de equipo. Un ambiente de trabajo que estimula la creatividad y hace de la experiencia de trabajo una recompensa en vez de un quehacer, atrae típicamente individuos que están buscando una oportunidad de contribuir y crecer personalmente.

Por supuesto, el clima de la organización depende de las actitudes, los ejemplos y las metas del líder. Los mejores líderes diseñan y fomentan cuidadosamente una atmósfera de actitudes positivas, confianza y cooperación. Esta atmósfera fomenta continuas mejoras individuales y la productividad. En una palabra, tal atmósfera hace a la creatividad y al éxito, aceptables.

El fundamento de ese clima exitoso está compuesto de expectativas claras. El pensamiento claro y los planes bien tendidos proveen una plataforma fuerte y firme sobre la cual construir el clima organizacional. Pero las expectativas claras también deben formar partes integrales de la estructura. Verdaderamente, ellas se vuelven las paredes dentro de las cuales es creado el clima positivo y orientado por el crecimiento.

¿Cómo? Haga descripciones del trabajo, por ejemplo. Descripciones del trabajo bien escritas sirven para delinear las responsabilidades, para autorizar la toma de decisiones y otras actividades esperadas. Los miembros del equipo, sin embargo, deberían ser alentados a participar en la definición de sus propias tareas. No deberían solo recibir una descripción monótona del trabajo y seguirlo.

¿Por qué? Porque dos personas no siempre funcionan de la misma manera, incluso cuando ocupan exactamente la misma posición. A los miembros nuevos del equipo se le debería dar libertad creativa para formar y definir sus tareas, de modo de ajustar sus talentos y habilidades individuales. Los líderes pueden, incluso, querer reconstruir los distintos aspectos de la organización, de modo que, por un tiempo, las fuerzas y los intereses de todos los miembros del equipo son utilizados completamente. Esta clase de cambios trae crecimiento y progreso, y también incrementa la productividad.

Los líderes efectivos trabajan para complementar descripciones de trabajo estériles con discusiones uno a uno, que le dan a los miembros del equipo una oportunidad de hacer preguntas, ofrecer sugerencias y negociar los arreglos que los ayudarían a ser más productivos. Sin embargo, el líder no puede abdicar la responsabilidad de definir sus expectativas de los miembros del equipo. Asimismo, los líderes deberían permitir a los miembros del equipo saber qué esperar de ellos a modo de recursos, consejo, soporte y notificaciones.

Su tarea como líder es proveer expectativas realistas y estándares de excelencia aceptables. A medida que se esfuerza por obtener claridad en sus expectativas, descubrirá que la frustración es minimizada, que los miembros del equipo experimentan grandes satisfacciones de trabajo y un profundo sentido de realización, y que otra calidad de individuos será atraída a su equipo.

Cómo mantener un equipo

Las personas quieren trabajar en un ambiente que ofrezca la oportunidad de crecer en habilidad y responsabilidad. Esa verdad fundamental da a los líderes otra responsabilidad importante: cuando se delega, los líderes necesitan dar a los miembros del equipo la autoridad y los recursos requeridos para completar la asignación. Los líderes que distribuyen las asignaciones sin proveer el soporte, socavan –inadvertidamente– la credibilidad y motivación de los miembros de su equipo.

Los líderes sumamente efectivos siempre buscan formas de realzar la credibilidad de los miembros de su equipo. Si alguien pierde metas y toma decisiones pobres, los mejores líderes eligen entrenar en vez de criticar. Las situaciones que perjudican la productividad son realmente oportunidades disfrazadas, oportunidades de enseñar un modo mejor, de estimular o mejorar pensamientos importantes, o crear incluso procedimientos más efectivos.

Cuando se aprovecha de las situaciones negativas haciendo de ellas oportunidades para crecer, los miembros del equipo desarrollan y construyen su propia competencia. La lealtad hacia usted y su vinculación con la organización se vuelven más fuerte, y su autoridad es realzada.

Los líderes efectivos, creativos y con iniciativa

Los líderes efectivos siempre están en la mira por las maneras de hacer uso de la tendencia empresarial entre los miembros del equipo. Por supuesto, el espíritu empresarial es críticamente importante, pero si cada individuo comenzara su propio negocio, no habría nadie disponible para ayudar a ponerlos en movimiento.

Los líderes creativos entienden que dar a los miembros del equipo la propiedad de su propio trabajo atraerá y mantendrá buenas personas. Los líderes que hacen el mejor uso de la creatividad e iniciativa, y que buscan la realización individual de los miembros del equipo, se enfrentan mucho menos con la sustitución de un miembro de la organización que ha partido hacia pastos más verdes.

La trampa del liderazgo a evitar

Los líderes y administradores ocupados con un fuerte anhelo de realización pueden algunas veces caer en lo que podría ser llamado "la trampa del liderazgo", que severamente limita su éxito potencial e incluso destruye la creatividad individual. Solamente cuando los líderes efectivos son conscientes de esas trampas pueden emplear las acciones positivas necesarias para evitarlas.

• *Hacer demasiado:* El fracaso de delegar apropiadamente tiende a atrapar a líderes y administradores confiados bajo la presión de demasiado papeleo, demasiados detalles a manejar y demasiado poco tiempo para la planificación y administración creativa. Esencialmente, la actitud del líder es la culpable. Los líderes que creen en su gente, que las entrenan bien y les dan la oportunidad de aceptar la responsabilidad de proyectos significantes, evitan del todo este problema.

• *Hacer demasiado poco:* Tan lisiado y devastado como el líder que fracasa al delegar, está el líder que delega demasiado. Antes de dar responsabilidad y autoridad a los miembros del equipo, los líderes deben asegurarse que los individuos han sido entrenados adecuadamente, han "incorporado" metas en común y ya no están sobrecargados más allá de su potencial. No hacer la suficiente investigación resulta en un líder fuera de alcance, alguien que ha perdido el control de la organización. Tal líder no puede influir más tiempo en la dirección organizacional.

Un líder efectivo evita esta trampa, tiene un plan de delegación por escrito y actualizado, junto con un programa de implementación y detalles de lo que debe ser delegado y a quién.

• *Fracasar al reconocer las necesidades del crecimiento personal:* En su interés por ayudar a los miembros del equipo a crecer y a mejorar, los líderes pueden tender a descuidar sus propias necesidades de crecimiento personal. Los líderes efectivos nunca asumen que han aprendido todo lo que necesitan aprender, ni que han desarrollado todas las habilidades requeridas para su éxito continuado ni que se han vuelto todo lo que su potencial les permite. Cualquier líder, a pesar de su *estatus* o altura, todavía tiene más potencial para el éxito disponible para un uso inmediato. Un plan de acción para el crecimiento personal, acoplado con una acción decisiva hacia las metas en todas las seis áreas de la vida, asegurará un reconocimiento adecuado de la propia necesidad de crecimiento personal del líder.

• *Aceptar el desempeño mediocre:* Todos los líderes aprenden que el continuo esfuerzo por la excelencia es un trabajo difícil. Esa es la razón por la que muchos líderes y administradores cometen el error de aceptar el desempeño mediocre de parte de los miembros de su equipo y también de ellos mismos. Lo que es un desempeño "promedio" no puede ser mágicamente transformado en uno "demasiado bueno" para el líder o seguidor que aspira al verdadero éxito y su realización.

Los líderes sumamente efectivos llevan un estándar: la excelencia. Demandan resultados sobresalientes de sí mismos y de todos los que están asociados con ellos. Continuamente analizan el progreso hacia las metas organizacionales, comparan los resultados actuales con los obtenidos el mes pasado, el trimestre pasado y el año pasado. Luego, fomentan una mejora más grande.

- *Fracasar al usar el potencial de los miembros del equipo:* Muchos líderes hallan suficientemente fácil vivir sin rumbo y permitir a los miembros de su equipo hacer el mismo trabajo que han hecho siempre. Pero es un error asumir que el desempeño pasado es un indicador confiable de cuánto los miembros de su equipo pueden realmente hacer. Los líderes efectivos estudian a sus personas, se enteran de las fortalezas, los deseos y las metas personales de los miembros del equipo. Los líderes pueden entonces darle a los miembros del equipo la oportunidad de desarrollar nuevos talentos y habilidades, y de usar al máximo las habilidades ya adquiridas. Los mejores líderes le ofrecen a los miembros del equipo la chance de adquirir ideas nuevas que los ayudarán a volverse más valiosos para la organización y sentirse más realizados personalmente. Cuando los miembros del quipo crecen, la organización entera se beneficia.

- *Custodiar el* status quo: Cuando usan y aplican sus valiosas experiencias pasadas, muchos líderes se adhieren a lo que funciona. "Si no está roto, no lo arregle", es su decisión. Una trampa importante a evitar, sin embargo, es la irracionalidad sutil que fuerza a un líder a mantener el *status quo* a costa de perder el filo de la organización. Determinar la cantidad correcta de cambio para usted y su equipo es una decisión delicada. En un extremo del continuo está el *status quo*. En el otro extremo está el caos. Los líderes sumamente efectivos no tienen el lujo de concentrarse solo en uno de los extremos de ese continuo cambio. En lugar de ello, deben atender ambos extremos, preservar el centro y promover territorio nuevo. A medida que usted empuja al equipo y a usted mismo a cambiar y a crecer, mantiene su foco en la única misión y visión del pasado y futuro de su compañía, su puente de liderazgo conducirá a un territorio emocionante y beneficioso.

Trabaje duro para preservar el núcleo de su organización, y al mismo tiempo persiga metas ambiciosas de crecimiento y cambio. A medida que ejercita su coraje personal para iniciar, inspirar e impulsar cambios que harán a los miembros de su equipo incluso más competitivos, y comunica eficientemente a los miembros de su equipo por qué estos cambios serán dignos, ellos comenzaran a crecer y a cambiar con usted. Reflejarán su emoción y entusiasmo por el trabajo. Y tienen la seguridad de saber que usted no está implementando cambios por causa del cambio en sí. Saben que está promoviendo la misión central y los ideales de su compañía.

• *Ignorar los problemas y posponer las soluciones:* ¡Los líderes efectivos reconocen que hay un tiempo para resolver los problemas, antes de que sucedan! Los programas de metas organizacionales más exitosos anticipan los potenciales obstáculos, e incorporan planes para vencer las barreras si ellas existen. Los procedimientos claros y claramente diseñados, sirven para prevenir los problemas o mantener su manipulación convenientemente. Las crisis son por lo tanto reducidas a algo semejante a los acontecimientos rutinarios.

Cuando los problemas suceden, los mejores líderes los manejan rápidamente. Los problemas complejos pueden requerir una investigación o un planeamiento extenso, a fin de alcanzar la solución correcta. Pero una vez que la solución ha sido encontrada, debería ser implementada tan rápido como sea posible. La tentación de esperar hasta que el problema se haya resuelto por sí mismo, no es más que una trampa mortal.

Eso es debido al método en el que los problemas se resuelven por sí mismos. Bastante a menudo, los líderes y administradores que dejan para mañana la resolución del problema, descubren que este está destruyendo a la organización entera. Es una increíble devastación. El problema podría haber sido rápidamente resuelto usando la creatividad combinada de los miembros del equipo y de los líderes.

• *Comunicación incompleta:* Se considera que los líderes y administradores que encuentran dificultad en una delegación efectiva pueden, además, tener problemas al darles a los miembros del equipo toda la información que necesitan. Otros líderes pueden delegar, pero cometen el error de asumir que sus empleados ya saben todo lo necesario para completar la tarea asignada. La comunicación incompleta a menudo resulta cuando los líderes y administradores fracasan al escuchar y al interpretar creativamente la información y las respuestas ofrecidas por los demás. Los mejores líderes son buenos comunicadores que tienden a controlar el pulso de comunicación y el clima dentro de la organización.

La comunicación incompleta puede ser el signo más visible del vacío de liderazgo. Hasta que los líderes efectivos ayuden a cerrar el vacío a través de la capacitación de los miembros del equipo y los ayuden a crecer y a mejorar, los anticuados estilos de liderazgo y administración nunca cambiarán realmente.

Los beneficios de llenar el vacío de liderazgo

Desarrollar su completo potencial como líder efectivo implica una increíble cantidad de trabajo duro. Así es como debería ser. Cualquier clase de crecimiento personal siempre requiere esfuerzo, y desarrollar su habilidad de liderazgo no es la excepción. Usted puede descubrir que logra algunas metas de liderazgo bastante rápidamente con solo una pequeña inversión de tiempo, esfuerzo y dinero.

Las metas de liderazgo más significantes, sin embargo, pueden llevar unos cuantos años para completarse y pueden requerir casi interminables sumas de tiempo y trabajo duro de su parte. Pero todo mérito tiene –incluyendo el *estatus* del liderazgo efectivo– un precio único. Así como toda meta digna produce recompensas significantes, su liderazgo exitoso es igualmente rico en beneficio para usted mismo y para los demás.

Los réditos más evidentes de su inversión en el liderazgo efectivo son su posición y sus recompensas financieras. Esos beneficios tangibles le permiten satisfacer más necesidades básicas, y le dan la libertad para dedicar tiempo y atención a los niveles de necesidad más altos y al crecimiento personal.

Adicionalmente, el éxito del liderazgo hace que usted gane el respeto y la confianza de los miembros de su equipo, así como de las demás personas fuera de la organización. A medida que ellos lo siguen, los miembros de su equipo lo alientan a volverse más competente y más exitoso. Descubrirá que los otros miembros de la comunidad los acompañan en el respeto y la confianza de ellos hacia usted. De esa manera usted comienza a ejercer una influencia de liderazgo que va más allá de cualquier esfera de acción limitante de la organización.

El propio conocimiento de su competencia profesional es una primorosa recompensa de su crecimiento como líder efectivo. Para alguien que está motivado por sí mismo y dirigido por metas, ese sentido de competencia personal es lejos más satisfactorio como recompensa que las recompensas más tangibles que las demás personas parecen anhelar.

La competencia de su liderazgo demuestra que usted posee un deseo noble y sublime, el deseo de alcanzar alguna medida de realización duradera y de contribuir con las vidas de las demás personas.

Desarrollar su habilidad de liderazgo le permite lograr significativas metas personales. El éxito profesional lo abastece de un ingreso adecuado para las necesidades de la vida, y también para los lujos. Usted tiene la libertad para estructurar y manejar sus propias actividades, y adquiere la habilidad para moverse en y dentro de cualquier círculo social u organizaciones profesionales que le interesen. Las metas en todas las áreas de la vida se vuelven más accesibles a medida que usted continúa creciendo profesional y personalmente.

La recompensa más emocionante

En el centro del éxito del liderazgo radica la recompensa más emocionante de todas: la habilidad para ofrecer nuevas oportunidades a las demás personas. Los miembros de su equipo se vuelven familiares y usted:

- Siente el mismo deseo intenso de ayudarlos a crecer y a lograr sus propias metas personales.
- Encuentra gozo en ayudar a los miembros de su equipo a cumplir sus propias metas personales, y halla satisfacción en sus éxitos.
- Manifiesta sus emociones mientras recompensa sus realizaciones con dinero, mejor posición u otro reconocimiento.

Saber que ha hecho una contribución directa al crecimiento de los individuos en su equipo genera un sentido de realización único, una realización que probablemente no puede ser lograda de otra manera.

Su éxito de liderazgo, además, le permite servir a su comunidad sin limitación. Como un líder efectivo, tiene las habilidades requeridas para contribuir a la administración y al éxito de varios grupos a los cuales pertenece, organizaciones cívicas, grupos profesionales, organizaciones religiosas y caritativas, y otras. El liderazgo exitoso es un imán: hace que las personas lo busquen y pidan su ayuda. De esta forma, más que cualquier otra persona, puede expandir su influencia y realzar su impacto en los demás. Ese "estar de servicio" añade un significado y un propósito rico a su vida.

Esto probablemente funciona sin decir que el crecimiento de liderazgo y administración lleva consigo abundante recompensas financieras. ¿Cómo usará esas recompensas? ¿Se verá a sí mismo como el legítimo propietario de ellas, sin ningún pensamiento adicional que sus propios intereses? ¿O se verá como un administrador temporal de esos activos, encargado de capacitarlos para hacer lo más apto?

Aliéntese a usted mismo y a sus colegas a usar las recompensas financieras del liderazgo, para desarrollar un deleite del dar. Mientras vivimos en un mundo de abundancia, es un hecho desafortunado que no todas las personas sean capaces de disfrutar de la abundancia. Vea su éxito financiero como un vehículo que hace posible la educación para un niño digno, la operación ordenada con urgencia por alguien en necesidad, o la solución a un problema de vivienda que ha agobiado a la comunidad por décadas.

Si ayudar a los miembros de su equipo a crecer y a mejorar lo ayuda a conocer más el gozo, también disfrutará la satisfacción inmensa que viene de ampliar su círculo de influencia. Extienda sus esfuerzos tan lejos como sea posible, esfuércese para restituir algo a su propia comunidad, a su sociedad, a su nación y al mundo entero. ¡No lamentará la experiencia!

John F. Kennedy una vez dijo: "Una persona puede hacer una diferencia, y todos deberían intentarlo". El hecho de que comparativamente pocos individuos realmente hagan una diferencia en este mundo, atestigua la rareza de los verdaderos dadores entre nosotros, mientras los receptores son abundantes.

Ser un dador es verdaderamente una señal de un alto llamado, y un llamado natural para cualquier líder efectivo que llena el vacío de liderazgo.

Conclusión

T odo líder tiene opciones y elecciones. Los líderes efectivos poseen la responsabilidad de decidir qué opciones quieren seguir. Mientras muchas personas reaccionan con total confusión cuando son confrontadas con los desafíos y elecciones de la vida, los grandes realizadores y los grandes líderes responden con confianza y seguridad.

Pero muchos líderes parecen vacilar al tomar decisiones. Parecen temer al compromiso de uno u otro curso de acción. Usted puede descubrir que es tentado a tratar de navegar los mares picados de la indecisión para decidir... no decidir nada.

Para los líderes indecisos, el resultado final es bastante deprimente: logran poco en sus vidas y para sus organizaciones, comparado especialmente con su vasto potencial para el logro. Su fracaso en cumplir metas dignas puede ser culpa de su fracaso en decidir qué cumplir.

Para los líderes y seguidores, existe una solución simple a este dilema: "**todos nosotros debemos, en algún momento, decidir tomar una decisión**". Nadie puede ofrecer un compromiso a medias con algunas elecciones y desafíos de la vida si espera dominarlas y que emerja una persona verdaderamente mejor. Los líderes efectivos se esfuerzan en determinar sus objetivos y enfocarse en ellos con el celo de un soldado. Comprenden que solo un compromiso total y completo con el logro de una meta, asegura una empresa exitosa.

Requisitos para el logro

Nadie puede ser verdaderamente exitoso sin un pensamiento claro (Pilar N° 1 del Liderazgo) y sin un plan conciso para lograrlo (Pilar N° 2 del Liderazgo). Esto es lo que hace a un Plan de Acción Personal tan importante, y es el por qué un Plan de Acción

Personal está contenido en todo programa de Paul J. Meyer. Usar este Plan de Acción es la forma más simple, más efectiva de identificar, definir y planear el logro de las metas y objetivos de la persona total.

Un programa de Meyer incorpora lo mejor en cuanto al pensamiento del desarrollo personal, ofrece aplicaciones comprobadas, hace que usted piense, y lo guía pasa a paso a través del proceso de la persona total. Esto le da tanto a usted como a los miembros de su equipo, la oportunidad de crear una lista de cosas que les gustaría ver suceder en cada área de la vida.

Su plan de acción se mueve a través del desarrollo de valores y prioridades, y ofrece un entrenamiento punto por punto a través del proceso de pensamiento necesario para planear el logro de metas importantes. Volviendo a ese plan con afirmaciones y visualización –dos herramientas importantes para el gran éxito y logro– nuestros clientes desarrollan el vehículo que los guiará al éxito que desean.

No hay magia en ningún programa de Meyer. Si descansa en un estante, el programa no puede hacer que alguien sea exitoso. Cada programa requiere implicación personal, y esa implicación continúa a medida que usted piensa a través del proceso, a medida que pone a la vista el esfuerzo mental y acepta los desafíos del éxito.

El siguiente paso

Para obtener más información sobre los programas de Paul J. Meyer en los Estados Unidos, comuníquese con Leadership Management, Inc. al 1-800-568-1241 o vía e-mail a info@lmi-inc.com. Le presentaremos a un compañero de afiliación del LMI, quien trabajará con usted para comprender su situación. Esa persona estará capacitada para sugerir un programa de Meyer, que lo ayudará a usted y a los miembros de su equipo a cumplir los objetivos que aspiran.

Fuera de los Estados Unidos, comuníquese con nuestra compañía internacional, ubicada en Waco, Texas, EE.UU., al 254-776-7551 o vía e-mail a info@lmi-inc.com. Nos aseguraremos que obtenga más información sobre los programas y cursos internacionales.

Volviéndose íntegro nuevamente

Ayudar a las personas a volverse nuevamente íntegras es la esencia de lo que hacemos. Cuando los líderes no son íntegros personalmente, usualmente fracasan miserablemente en sus esfuerzos por dirigir las acciones de los demás. A menudo, sus propias vidas son destruidas en el proceso.

El resultado final que aspiramos, por supuesto, es transmitir el concepto de la persona total con aquellos que hacen que su esfuerzo funcione. Si usted no usa personalmente el concepto, no puede transmitirlo efectivamente. Tratar de inducir a los demás en algo en lo que usted no está, es equivalente a regresar a un lugar en el que nunca ha estado.

Si está intentando liderar sin convertirse en una persona total y un líder sumamente efectivo, no puede estar seguro de su destino ni del rumbo que tomará. Alistar la compañía de los demás sobre una jornada no planeada es realmente peligroso. Por su propia consideración –y por consideración de quienes dirigen– esfuércese en convertirse en lo que estuvo intentando ser en cada área de la vida.

Cuando ha conocido a fondo el proceso, puede darlo a conocer a aquellos que lo siguen. Si decide trabajar individualmente con sus seguidores, comenzará a construir un equipo comprometido. Cuando los miembros de un equipo comprometido comienzan a trabajar juntos en la misma forma, se crea una organización comprometida. El resultado final es que usted habrá cambiado al mundo, habrá hecho algo para unir a las personas y a la sociedad, para beneficio de todos.

En todas las crónicas de la historia humana, pocos líderes han hecho una gran contribución.

Apéndice 1 – Preguntas en la encrucijada

Estas preguntas son indicadoras de su progreso en sus esfuerzos personales para construir un puente de liderazgo. ¿Puede responder las once preguntas con un resonante "sí"?

Pregunta uno: *¿He definido mi pensamiento para saber dónde estoy ahora y a dónde quiero ir?*

Pregunta dos: *¿Son mi visión, misión y propósito claros para mí y para los miembros de mi equipo?*

Pregunta tres: *¿Tengo un plan detallado y escrito para cumplir cada meta personal y organizacional importante, y he establecido un plazo final para su consecución?*

Pregunta cuatro: *¿Están mis metas personales suficientemente equilibradas con la necesidad de ayudar al logro de mi organización?*

Pregunta cinco: *¿Representan mis metas personales un equilibrio entre las seis áreas de la vida?*

Pregunta seis: *¿Tengo un deseo ardiente de cumplir las metas que he establecido para mí mismo?*

Pregunta siete: *¿He desarrollado dentro de los miembros de mi equipo y de mí mismo una pasión por el cumplimiento del éxito que hemos visionado?*

Pregunta ocho: *¿Tengo suprema confianza en nuestra capacidad para alcanzar nuestra meta?*

Pregunta nueve: *¿Confío en que los miembros de mi equipo se esforzarán por el éxito, y para continuar desarrollando más de su potencial innato para el logro?*

Pregunta diez: *¿He aceptado la responsabilidad personal del éxito de mi equipo, y del logro de mis propias metas personales?*

Pregunta once: *¿Poseo determinación de hierro para seguir, a pesar de las circunstancias o de lo que los demás digan, piensen o hagan?*

Apéndice 2 – Metas para las seis áreas de la vida

La clave para volverse una persona total es establecer y lograr metas significativas en todas las seis áreas de la vida. En el capítulo cinco ofrecimos algunas metas sugeridas para cada área.

En los espacios de abajo puede anotar ideas de metas en cada área, metas que sean personalmente significativas para usted, y que lo motivarán a usar más de todo su potencial.

Metas para el área familiar:

_____

_____

_____

_____

_____

_____

Metas para el área financiera:

_____

_____

_____

_____

Metas para el área mental:

_____

_____

_____

_____

_____

Metas para el área física:

_____

_____

_____

_____

_____

Metas para el área social:

_____

_____

_____

_____

_____

Metas para el área espiritual:

_____

_____

_____

_____

_____

_____

Apéndice 3 – La pregunta de riesgo

Yo, Paul, he vivido toda una vida de pensamiento, planeamiento y luego de lanzamiento –tomé la oportunidad– y esto me ha sido compensado generosamente.

Las personas se preguntan sobre diferentes negocios que he comenzado y cómo sabía cuándo tenía suficiente información para hacer una inversión en un estado real o en cualquier otra empresa. Les dije que siempre me hago a mí mismo estas preguntas:

- ¿Cuáles son mis metas?
- ¿Puede lograr una meta sin asumir un riesgo?
- ¿Cuáles son los beneficios a ganar si tomo esta oportunidad?
- ¿Qué puedo perder si tomo esta oportunidad, si me arriesgo?
- ¿Es la pérdida de potencial que pienso, más grande que la posible ganancia?
- ¿Es este el momento correcto para realizar esta acción?
- ¿Qué presiones hay sobre mí para tomar esta decisión?
- ¿Qué tendría que saber para cambiar mi mente sobre asumir este riesgo?
- ¿Qué experiencia tengo si asumo este tipo de riesgo?
- ¿En quién puedo confiar o pedirle consejo sobre este riesgo?
- ¿Tengo borrones personales en mi visión sobre este riesgo?
- Si tomo esta oportunidad, este riesgo, ¿las personas pensarán más o menos de mí si tengo éxito? ¿Realmente me importa esto?
- Si una pérdida ocurre, ¿la tomaré personalmente, o soy capaz de ser realista y objetivo sobre ella?
- ¿Me preocuparé y preocuparé por el riesgo que he asumido?
- ¿Quién más ha hecho una inversión similar?

- ¿Qué acciones puedo hacer para rastrear mi inversión y protegerla?
- ¿Cómo este riesgo me afectará a mí, a mis hijos, a mis padres, a mis amigos, a mi compañía y a mi relación con mi banco?
- ¿Realmente disfruto el estilo de vida de un empresario?

Afortunadamente, todo lo que me ha sucedido en mi rol de líder, persona de ventas, persona de negocios o inversor, nunca ha afectado a quien soy como persona ni ha reducido mi imagen. Tomo la consciente decisión de manejar mi vida manteniendo una imagen saludable, paz mental y felicidad.

Una palabra final de Paul J. Meyer

Hace años, mi padre copió un poema de Will Allen Dromgoole sobre una hoja de papel. Guardé el poema por años, doblado en mi billetera. Hoy cuelga en mi oficina, como recordatorio de las actitudes y valores que mis padres trabajaron para incorporar en mi hermano, en mi hermana y en mí.

El poema dice:

Un anciano recorría un camino solitario.
Llegó en esa tarde, fría y gris,
hacia un abismo profundo y ancho.
El anciano cruzaba el oscuro crepúsculo,
el hosco arroyo no encerró temor para él,
pero giró cuando alcanzó al otro lado
y construyó un puente para atravesar la marea.
"Anciano" –le gritó un peregrino que estaba cerca–
"estás perdiendo tus fuerzas con la construcción aquí,
nunca otra vez atravesarás este camino.
Tu viaje terminará al final del día,
has cruzado el abismo profundo y ancho,
¿por qué construir este puente a la tarde?"
Pero el constructor elevó su cabeza canosa.
"Buen amigo, por el camino he venido –dijo–
allí seguiré después de hoy.
Un joven cuyos pies deben atravesar este camino,
este abismo, el que ha sido nada para mí,
para ese joven de cabello claro puede ser un peligro latente;
él también debe cruzar el oscuro crepúsculo.
Buen amigo, construyo este puente para él".

August Carl Meyer fue un inmigrante alemán. Su legado a sus tres hijos –y a través de nosotros, al mundo– ha sido el fundamento de mis esfuerzos para ayudar a los individuos y organizaciones a construir su puente que llenará el vacío de liderazgo.

Acerca de los autores

Paul J. Meyer es autor de veinticuatro programas importantes sobre ventas, motivación, establecimiento de metas, administración y de desarrollo del liderazgo, con ventas combinadas en sesenta países y en veinte idiomas, por más de dos millones de dólares, más que cualquier otro autor en la historia. Formó el *Success Motivation Institute* en 1960, y es considerado por muchos el fundador de la industria del desarrollo personal.

Además, es el fundador de Leadership Management, Inc., Success Motivation International, Inc., y de otras cuarenta compañías que abarcan los campos de la educación, la publicidad, las finanzas, el Estado, la manufactura y otras.

Sus libros más recientes incluyen *I Inherited a Fortune, Chicken Soup for the Golden Soul,* el que estuvo en la lista de mejores vendidos de The New York Times por muchos meses, *Success in Pre-Paid Legal,* y *Unlocking Your Legacy,* los cuales esbozan veinticinco de sus secretos cumbres para el éxito.

Paul y su esposa Jane tienen 5 hijos y 14 nietos y viven en Waco, Texas, EE.UU.

Randy Slechta es presidente de las compañías de desarrollo personal y profesional internacionales fundadas por Paul J. Meyer. Bajo la dirección de Slechta, Leadership Management International, Inc., y Success Motivation International, Inc. han experimentado un fenomenal crecimiento mundial.

Como orador y entrenador sumamente buscado, Slechta viaja extensamente y ha hablado en cuarenta países a más de mil grupos sobre temas que fluctúan desde el desarrollo del liderazgo, hasta el crecimiento personal y profesional.

Randy, su esposa Janna y sus tres hijas, Morgan, Brooke y Kelsey, residen en Waco, Texas, EE.UU.